打開天窗 敢說亮話

WEALTH

千萬富翁致富學問

龔成 著

目錄

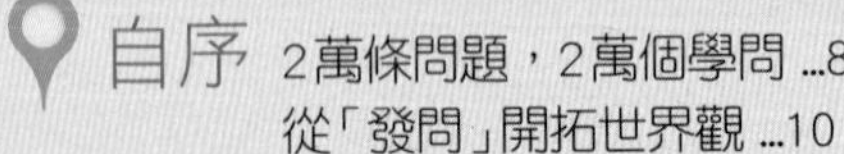

自序

預備篇

01 入門知識

02 理財創富

03 投資技巧

04 股票知識

05 個股分析

06 人生規劃

Wealth 137

千萬富翁致富學問

作者　　龔成
內容總監　　曾玉英
責任編輯　　Hockey Yeung
書籍設計　　Stephen Chan
相片提供　　Getty Images

出版　　天窗出版社有限公司 Enrich Publishing Ltd.
發行　　天窗出版社有限公司 Enrich Publishing Ltd.
香港九龍觀塘鴻圖道78號17樓A室
電話　　(852) 2793 5678
傳真　　(852) 2793 5030
網址　　www.enrichculture.com
電郵　　info@enrichculture.com
出版日期　　2021年12月初版

承印　　嘉昱有限公司
九龍新蒲崗大有街26-28號天虹大廈7字樓
紙品供應　　興泰行洋紙有限公司

定價　　港幣 $198　新台幣 $970
國際書號　　978-988-8599-73-8
圖書分類　　(1)投資理財　(2)工商管理

07 股票組合個案

08 理財個案分析

自序 2萬條問題，2萬個學問

我在18歲開始投資，輸錢後明白知識的重要，其後瘋狂閱讀投資書籍、上堂，在投資上有起有跌，總算累積了一定的知識與經驗。過往我都試過戶口金額連$1萬元都沒有，都試過投資「輸身家」的經歷，當時都會有一種無助感，很想請教一個有理財知識的人，可惜沒有。

我在2012年出版第一本書《80後百萬富翁》，其後收到不少讀者的電郵，向我請教各種各樣的理財問題。當時我想，相信很多人都有理財問題但又不知向誰請教，如果在坊間諮詢專業人士意見，一般收費較貴，又或背後想銷售理財產品，意見根本不中肯。

出書後我在想，反正我已經累積了一定知識，不如幫助別人，於是在網上設立「龔成問答信箱」，為讀者、網友免費解答理財問題，刪去個人資料後在網上刊登，使更多人獲取知識，結果大受歡迎，至今已解答超過2萬條問題。

雖然不斷回答很花時間，但能幫到人，甚至見到讀者有進步，都成為我的動力。曾有讀者表示，經我指導後，開始訂立累積財富計劃，他在一年後再聯絡我，表示已完成了理財目標，並展開了更大的理財計劃。

我鼓勵大家問問題，「學問」就是懂得問正確的問題，在我的課堂中，我非常鼓勵同學發問，不論公開的，還是私下的都可以，上堂不止是單向吸收知識，更是解決同學們所遇上的理財問題，同時令他們在理財上有實際行動，而課堂正是一個互動環境，為同學提供更全面的學習。

「龔成問答信箱」已運作多年，不知不覺已累積了超過2萬條問題，在這些問題中，不少都是一般人正面對的典型問題，因此將精選問答集結成書，已能解決不少人面對的問題。相比起理論書，讀者的代入感更強，實用度更高，會有更大的得著。

「龔成問答信箱」會繼續運作下去，但由於問題甚多，我的回覆也需時。若然大家有問題，都歡迎向我發問，你可以在我的Facebook專頁中發送訊息，又或以電郵的形式向我發問都可以。

這書正是從2萬條問題中，精選出152條問題集結而成的。

從「發問」開拓世界觀

多年來不斷解答問題，其中一個得著，就是明白「世界很大」。

每天面對數十至過百條理財問題，會接觸到不同階層的人，有的是低收入、面對生活無助的人，有的卻是高收入、擁有相當財富的人。我在不斷解答問題時，大家不斷閱讀個案時，會明白世界很大，明白人外有人，比我收入多財富多的人絕對有，比我在某些範疇做出色的人絕對有，我經常提醒自己要保持進步。

任何個案都有得著

這書精選的百多條問題，有些個案可能與你相關性不大，有些個案背景可能遠比你差，但不代表你不用閱讀，因為我在精選個案時，盡量選一些有學習價值的，就算個案背景遠比你差，你都能從中得到理財知識，應用在之後的創富過程上。

正如「三人行必有我師」，這句說話的意思：「別人必定有值得我學習的地方，選擇別人的優點學習。相反，若看到別人缺點，就反省自身有沒有同樣的問題」。因此，每單理財個案都有值得學習的地方，若當事人犯了某些理財錯誤，就提醒自己不要去犯。

相反，若有些個案情況很好，就要自己多向當事人學習，希望自己進步，同時不要認為當中的理財技巧與自己無關，因為知識能應用在不同情況，就算你這刻不適用，不代表將來不能運用。

以下的概念我在《80後千萬富翁》曾有提及，但由於十分重要，想在這裡分享多次。

有次我將一單理財個案放上網，當事人27歲，月入$10萬，問我如何有效理財，我將個案的基本資料，以及正確的理財方法放上網，但卻有小部分網友，出現了這類的留言：「作故仔」、「亂作個案也不要這麼誇張」、「月入$10萬就不用問你意見啦」、「27歲無可能月入$10萬」。

大家知道網友的留言有甚麼問題？

就是他們的「世界觀很小」。

在我的眼中，這位27歲的年輕人，收入情況理想，但不是「無可能」的。可是，當我在網上出了這單個案後，部分網友居然有這個反應，在他們眼中，有人在27歲月入$10萬是不可能，他們認為超過他的認知就是「作故仔」。

這反映他們的世界觀很小，他們自己收入不多，以及他們所認識的人都不是高收入，因此，認為這收入是不可能。這正是限制思維，他們的圈子很細，見識不多，可是卻不想提升自己，更自以為是，這才是最大的問題！

如果你對27歲收入$10萬感到很驚訝，你就要在這裡學習重要一課，因為你仍停留在「超出自己認知就認為不可能」，你心底仍未相信很多人都創造不可能（無論是別人，還是自己）。

因此，這刻你最重要是擴闊你的世界觀，相信這世界很多強人，很多商機，有很多機會等著你，同時，有很多大事你都能做到的！

要自己不斷進步

這本書是我所解答的2萬條理財問題精選，全部都是網友讀者所問，我在選擇個案時，盡量選不同類別，能帶給讀者各種知識。

有些個案可能很少機會在你身邊發生，但我希望大家能以較大的世界觀去理解，當見到當事人比自己強時，不要否定別人，而是虛心學習。

希望大家閱讀完這書後，能得到理財知識，應用在自己的生活上，同時，也能學習個案中一些值得學習的地方，要自己保持進步，擁有更大的世界觀。

> **別讓自己的圈子限制你的思維，開拓你的世界觀，便會發現機會處處。**

預備篇 處理財務問題的技巧

這一篇是一個預備篇章，將我解答了2萬條理財問題的心得、感受、處理理財個案的技巧，以及普通人常犯的理財問題，在這裡與大家分享。

我在讀書時期，曾修讀一科為「個人理財策劃」，當中有一個關鍵位，就是「個人化」。

其後在銀行工作，以及自己應用各種理財知識時，都明白個人化的重要性，同一件理財產品，並不是所有人都適合，就算同一隻股票，都會有人賺錢有人蝕錢，有人適合有人不適合。

理財投資絕不能「公式化」

雖然我會將自己部分的財富情況、持股情況，公開給讀者與網友知道，但我始終擔心大家會盲目複製，最終造成不利的結果。

例如我持有比亞迪股份(1211)多年，這是潛力股，但同時有一定風險，對於低風險投資者、退休人士，這股根本不適合，如果只懂盲目跟從，根本無法產生適合自己的理財效果。這股多年前的股價，曾試過下跌9成，並要以年計時間才慢慢返回高位，其後再創新高，我的心理質素能承受到股價下跌9成的壓力，但是否每個人都做得到？我相信98%的人都無法承受到這壓力，會中途賣出、反彈賣出，最終虧損收場。

我解答了2萬條理財問題，有部分人是心理質素較弱的一群，明明自己持有的是優質股，買入價都不貴，企業只因短期不利因素，令股價下跌了兩成，但他已表現得相當擔心，每天看著股價下跌，心理壓力很大，想止蝕賣出。

我問他，企業有哪些核心質素改變，令企業賺錢能力轉差、令企業質素轉差、令企業估值大減？是否出現了這些因素，令你放棄不再做這企業的股東？

他完全答不出，只說是因為「心理壓力大」，因為「擔心股價下跌」，所以想賣出。

我接觸不少這類人，該企業無問題，問題是這個人的「心理」。第一，投資知識不足；第二，心理質素弱；第三，選擇了不適合自己的股票。每個人承受風險程度不同，如果明知自己心理質素差，會因投資而影響生活，就不應投資中高風險類的投資項目，宜選擇低風險，價格波動較小的項目。

在理財中，不要盲目跟從別人的投資組合，最重要是明白背後的原理。在這書中，大家要學習的，不單是「怎樣幫當事人進行財富配置」，而是「為甚麼要幫這人進行這樣的配置」，明白背後的原理，才能應用到自己的身上。

理財，是一個有效運用資源的過程。在可承受風險的範圍下，盡力使財富最大化。

處理財務問題

無論你是處理個人的財務問題，還是幫助家人、朋友、客戶處理，個人化都是關鍵。

當中要衡量年齡、收入、收入穩定性、支出、儲蓄、資產配置情況、有無物業在手、持有股票的類型及比例、現金比例情況、有無購買保險、負債情況、風險承受能力、家庭負擔、資金是否中短期有需要、短中長期的理財目標、投資知識、過往投資經驗等。

了解基本的情況後，才能設計出適合的理財規劃。

坦白講，我平時在網上解答的，以及這書的個案，雖然都有當事人的基本資料，但仍未能稱得上全面了解，始終當事人提供的資料有限，因此所提供的理財方案，都是一些大方向。

雖然已經盡力以手上資料去分析及給予意見，但讀者不能盲目複製，最重要是掌握背後的原理，才會配合自己背景去運用，要明白每單個案所帶出的知識，而不只是答案。

理財關鍵第一步：擁有知識＋了解自己

當大家處理理財問題，我建議先用紙筆，寫下你的個人財務情況，收入、支出、股票、物業、負債、現金等資料，令自己有清晰的畫面。

我每月都會寫個人的收支表、資產負債表，這動作持續了20年。你要了解自己每月花了多少錢，現時的資產分配情況，負債水平是否合適。

有人認為投資有風險，所以不買股票，只儲現金，這當然是錯。有人則將絕大部分資金都投資，只餘極少現金，這情況當然錯，理財要求我們攻守兼備，要求平衡配置。

有人因為怕樓市大跌，而不買樓，但關鍵位不是分析樓價的升跌，而是自己是否「供得起」。但不少人卻經常預測樓價走勢，更有人在10年前已說要等樓價跌才買，可惜一直都不跌。

有人因為怕風險而盡力減少負債，甚至不想做按揭，但我們進行理財，最重要是風險管理，而不是怕了所有的風險。可見，擁有知識是關鍵的一步。

理財的6個步驟

當大家進行理財時，可以跟隨以下的步驟進行。

首先要有基本的理財知識，同時要了解自己的財務情況。

了解自己後，下一步就要知道自己的理財目標，短中長期的目標，再分析現時自己的財富組合，財務情況，是否與這些目標匹配，還是需要調整。為了完成這些財務目標，具體的財務計劃怎樣，運用哪些財務工具，才能達成這些目標。

當鎖定了適當的財務工具，就要盡力學習，了解這類工具，仔細分析，掌握工具的特性及利弊，如何分析質素及平貴度，風險程度怎樣，之後才可進行投資。

在計劃過程中，一定要適合自己，以及可行性，不要定一些太誇張的計劃，難度太高反而會中途放棄，因此要定自己做到的計劃，然後落實執行。

行動是關鍵的一步，之後就要堅持，理財過程可能會遇到困難，但這是正常的，可惜部分人面對小小困難就輕言放棄。過程中，記著最初定下計劃時的決心，想像完成目標後的結果，以無比堅持的決心去完成目標！

另外，在整個理財過程中，中途會檢討目標，要按自己的實際情況，以及一些外在因素，去適當調整，但如果可以，我不建議在中途輕言調低目標。

理財過程的基本步驟：

1）擁有知識

2）了解自己財務情況

3）設定適合自己的計劃

4）運用工具及配置

5）執行計劃

6）定時檢討

一般人常犯的理財錯誤

解答了2萬條理財問題後，發現不少當事人，都有一些理財問題的共通點，以致他們在現實中怎樣努力，財務情況也無法改善。

這一節會綜合一般人常犯的理財錯誤，令大家了解，如果你都有犯相同錯誤，就要好好改善。

無理財知識

這是最大的問題，不少人在無知識的情況下，處理自己的財務情況，投資股票、買樓、處理強積金、日常的收支及儲蓄分配等。

理財是我們每日面對的事，但學校無教，一般人不會主動學習，令大部分人在無知識的情況下處理財務情況，無法做好風險管理，無法最有效化地運用財富。

這導致現今社會出現了不少月光族、債務纏身、身在死胡同的中產、胡亂投資、無法退休的人。記著，你長遠的財富，將與你的理財知識成正比。

如果你想累積基本財富，就要有基本知識，如果你想累積巨大財富，就要有豐富的知識。原理就是建一層樓，最重要是打地基，可惜一般人在無地基的情況下，幻想興建一層摩天大廈。

沒有儲蓄的習慣

上一代的人儲蓄觀念較強，到了近代的年輕人，接收了太多錯誤的廣告資訊，例如：以享樂為先、想買心頭好、想去旅行、以信用卡或借貸超前消費，在理財中形成了惡性循環。

部分人就身處月光族的狀態，收入多少就花多少，無為將來打算，沒有「先投資，後享受」的概念，以致財務情況一直不佳。

欠債後選擇逃避

部分人在面對負債，特別是消費類負債，其中一個方法是借新債去還舊債，又或以逃避方式去處理負債，都是錯誤的方法，只會令問題不斷惡化。

面對負債問題，最重要是「面對」，了解哪些債項的利率較高，就要優先處理，同時不能以借新債方法處理，要從基本的消費模式，控制支出著手。

無留備用現金

除了月光族無儲現金外，有些人在投資上太過進取，將100%資金用作投資，都身處一個無現金的狀態。

現金不是真財富，因此無累積價值，但不代表我們要完全無現金在手，現金有3大作用：

1）交易

2）備用

3）等投資機會

如果出現了一些突發事情，需要一筆現金，無現金在手就處於一個很不利的狀態。另外，當投資市場大跌出現便宜價格時，無現金在手同樣會錯失難得的機會。

資產類別不平衡　難做到攻守兼備

我們進行理財時，攻守兼備是相當重要的。基本的保險、備用現金等，都是防守性工具。做好防守，餘下資金就可以進攻，進行投資。缺少防守、缺少進攻，都會令到理財上失去平衡。

部分人太集中於某一類資產，同樣會出現財富不平衡的狀態，就算投資股票，太集中在同一行業、同一股票，都會出現集中風險。

不知道自己的錢花在哪裡

這是大部分人都會出現的問題，每月雖然不是花費很多，但總是不知不覺，令自己沒有錢剩下，無法儲蓄。

我建議大家每天記錄開支，這動作我自己做了20年，記賬並不是叫大家不要花錢，而是令大家知道，錢花了去哪裡，從而減少不必要的消費，更有效進行理財。

沒有理財計劃

大部分人都想「致富」，但願意落實訂立計劃，堅持執行的人卻很少。

沒有明確的目標與計劃，致富只是一個口號，並不能達成。每個人的情況不同，但都可以訂立適合自己的目標計劃，如果你想日後的財富有滿意的增長，訂立計劃是十分重要的一步。

認為保險、基金、銀行產品是騙人的

有部分人投資知識不足，只憑自己的感覺，就認為保險、基金等是騙人工具，我並不是要求大家一定要買這些工具，但最重要是認識，全面認識各種投資工具，就能配合自身情況有效運用。

以保險來說，作用就是將你不想承受的風險，轉嫁給保險公司，例如當你患上某些危疾時，醫療費用相當大，雖然發生的機會率不高，但想自己承受這風險，還是將風險交給保險公司，就是一個個人化的問題。

至於基金、銀行產品等，都是一樣，不少產品並沒有絕對的好與壞，只有適合自己與否。因此，認識不同工具都是理財的其中一步。

以為收入增加就能解決困境

當一般人面對理財問題時，總認為增加收入就能解決問題，但如果不改變自己的理財模式，增加收入或有一筆大錢，都無法解決問題。

我收到部分個案是身處「財務死胡同」的中產，月入$10萬，有車、有樓、請工人、小朋友要讀很多興趣班，每月基本上沒有錢剩，如果停止工作，全家就會陷入財務困境。

雖然他們都想跳出財務死胡同，想累積到財富，想日後財務自由，但如果不改變理財模式，問題無法解決。就算收入增加，他們只會增加消費，同樣無法累積財富。

以為要大筆資金才可做生意

在我收到的個案中，不少年輕人都想創業，因為他們明白永遠打工難有突破，但他們都面對資金少的問題。

其實，很多生意都不用太多資金就能啟動，過往生意模式都以實體店為主，租金及基本投資花費不少，但現時網上創業十分簡單，資金也較彈性，就算很少資金也能啟動，一邊運作一邊調整，絕對不要「等一切準備好、等有大筆資金」才開始。

例如一些中介服務、配對服務，初期的基本投資不用太多，最重要是網站基本運作，以及投入一定時間建立口碑。

以為收入少就毋須理財

初踏入社會工作的年輕人，一般的收入不會太多，因此認為就算理財都無意義。但記著，「你不理財，財不理你」，正因為資金少，更加需要做好理財，善用資源。

甚至有年輕人，見到樓價貴，認定自己永遠無法買樓，因此完全不去準備，連基本的儲蓄也沒有。無人能準確預測樓價走勢，若我們預先準備，當機會來臨，就可以把握得到。

年輕人最大的優勢是有「時間」，能在投資上產生強大的複利息效果，但如果放棄這段理財的黃金期，到日後收入增加才理財，已損失了相當的財富。

因此，不要小看每一分毫，理財就是由點滴開始，有了初期資金，利用投資，一步步滾大財富，但如果一開始放棄，之後的財富累積就無法產生。

收入結構太過單一

大部分人都只有單一收入，就是打工收入，中短期這情況無問題；但長遠而言，就不能只靠單一收入，要同時開發其他收入來源，否則當該工作出問題，就會對自己及家庭的財務情況造成較大影響。

我最初都是打銀行工，但會同步做兼職以開發不同收入，之後就做生意、寫專欄，不會單依靠銀行工的收入。我利用正職餘下的時間，開發了生意、出書、累積資產等來產生被動收入。

長遠來說，大家不能只依靠單一收入，要同步開發其他收入。如果不懂建立生意，就利用投資長遠建立被動收入，長遠來看，我們身體的工作能力會向下，不能永遠靠人力去賺錢，要同時累積資產，在日後憑資產得到被動收入，生活才有較大的保障。

有負債就驚

有些人一聽到負債就很擔心，認為負債愈少愈好，有按揭應該盡快清還，這是錯誤的理財觀念。

如果是消費類的負債，當然愈少愈好；但如果是創富類的負債，不一定是壞事，最重要是分清該負債的利息成本，能否創造正回報，以及風險管理。不要盲目避免負債。

估樓價走勢

不少人都會分析樓價走勢，以預測模式去決定投資策略，例如本身有足夠資金，但預測樓價會跌，因此等跌才買。可惜的是，當樓價一直向上，追貨買入就更是心有不甘：「當初$500萬無買，為何我這刻要以$600萬去買，最少都等返回$500萬才會買。」可惜當樓價一直向上，多年都無法買樓。

亦見過一些個案，因為預期樓價將會大跌，將自住樓賣出，等大跌才買回。可惜樓市一直升，只能一直租樓，不斷消耗現金，財富持續減少。

因此，自住樓不要賣出。在決定是否買樓自住時，預測樓市走勢不是關鍵因素（因為很難準確預測），最重要是有無自住需要，以及是否「供得起」。比起以「預測走勢」模式進行投資，以「配置」模式進行投資會較好。

用錯投資工具

不少投資工具，沒有絕對的好與壞，只有「適合自己與否」。

例如你是一位年輕人，投資可以進取少少，一些太低回報的工具，例如債券、收息股、保本基金、定期存款，就未必適合。相反，對於一位長者或退休者，投資潛力股、衍生工具、高風險類的產品，同樣出現錯配。

又例如，你打算1年內結婚，資金有實質需要，這筆錢就不能用作投資，最好持有現金。另外，若你打算在中期會移民，投資一些流動性較弱的項目，例如本地物業，同樣不適合。

盲目使用槓桿

利用借貸投資，或使用槓桿式投資工具，是創造回報的方法，但同樣會令風險放大，不少人在投資知識不足，以及未完全了解槓桿風險前，就投資這些工具，結果當然是虧損收場。

例如坊間有些投資產品，是放大20倍的槓桿，回報高風險都極大，只要有輕微波動，就會輸清本金，甚至由於不斷補倉（投入額外資金），最終令虧損數字更大。

亦有銀行提供以融資去投資基金、債券、產品等，表面上回報吸引，但風險同樣放大，加息時融資成本增加，有可能虧損收場。

短視

部分人在處理財務問題上，只懂解決短期問題，例如面對大額消費，就會賣資產去處理，以致財富較難成長。又例如在財務規劃上，只集中在短期目標，無訂立一些長期的財務目標。

我們在制定財務計劃時，「長期目標」是很重要的，先訂立長遠目標，再以短期、中期計劃去配合。

在投資上亦是如此，當持有的股票上升了10%、20%時，不少人心急賣出以得到回報，缺乏對企業長遠分析的眼光，但如果要在投資上賺大錢，就要懂得分析企業的長遠價值，以及長線投資。

無長遠的人生規劃

有不少個案，無論是年輕人還是中年人士，在人生規劃上都不全面，只懂得「見步行步」。

現時做的工作並不是想做的工作，只是畢業後這公司聘請，於是一直做，就算轉工，都未必是自己最想做的，就算無前途，人工不高，慢慢變得不想再轉工。

年輕人在大學選科時，最好選自己較有興趣的科目，到踏入社會工作，不要單看這刻的情況，要看長遠，首先要有長遠的人生規劃，5年後、10年後，自己想做甚麼、過怎樣的生活，現時的工作，是否配合這目標一步步前進。

有長遠規劃，無論在學習上、理財上、工作上、時間運用上，都能更有效配合。

自以為是

理財、投資最危險的事，就是「自以為是」，以為自己已懂得所有知識，認為自己不用進步，認為自己的分析與決定一定正確。

例如之前提及有人因預期樓價跌，於是賣出自住樓等跌再買，可惜一直無法買回。我自己都會預測樓市升跌，但我明白無人能準確預測，因此，我不會以預測成為投資決策的核心，最多只是參考。我的自住樓，從不關心現時值多少錢，不預測之後升跌，因為這物業最大作用是自住。

一般人經常憑經驗去做理財決定，當自己經歷過就以為往後是這樣，例如見證樓價在1998年下跌至2003年，就認為物業無價值。試過投資某衍生工具賺錢，就以為很易賺，這樣憑表面經驗去驗證的方法是危險的，投資經驗當然重要，但一定要明白背後的原理，不能盲目複製。

通常缺乏知識的人，都會以為自己知道所有事情，於是不求進步。相反，我經常提醒自己，世界很大，自己總有不足的地方，要學的仍有很多，我要自己保持進步。

> **「學得愈多你才知道你懂得愈少」**
>
> ***——著名投資者羅傑斯（Jim Rogers）***

投資者常犯的錯誤

上一節講述了一般人在理財上常犯的錯，這一節則講述投資，綜合散戶錯誤的投資觀念與行為，綜合他們輸多贏少的原因。

以為投資很簡單

大家要記著，當你以為一件事很簡單，輕視了背後的原理及風險度，就是最危險的時候。

當散戶見到身邊人接二連三投資某工具都賺錢，該類工具價格每日都升，令人感覺很易賺，就是最高風險的時候。當一般散戶無經過分析就認為項目風險低、很易賺錢，就是最危險。

我不是說投資要很複雜，但絕對不能輕視，絕對不要在無知識，無做功課的情況下投資，時刻都要提醒自己：「投資有風險」。

怎樣能盡力將風險減少？方法就是投資前對項目仔細研究，每次投資前都要謹慎。

一時衝動就入市

無論我過往做銀行時接觸的客戶，還是現時網上解答理財問題，當我見到他們持有劣質股，問他們為何買入該股，不少都有類似的答案：「當刻見該股有利好消息」、「當刻見股價升，擔心現時不買就買不到」、「當刻有朋友推介，所以心急買入」、「一時衝動買了」、「都不知為何當刻我會買這股」。

簡單來說，就是他們買入該股前，無經過研究分析，只憑一些表面因素，例如有人推介，或當刻有些短期利好消息，一時衝動買了某股。

在我的股票班裡，會派一份6頁紙的「企業評估表」給學員，要求學員每一次買股票前都要填寫這表，目的就是確保學員，經過分析，真正了解企業後才投資，絕不會在一時衝動，無做功課的情況下投資，填好評估表才投資，大大增加了學員每次投資的穩健度。

以為投資很易有30%回報

不少年輕人，或初階投資者，都會以為投資有30%、50%，甚至每年一倍以上的回報是很容易。真相是，全球投資賺最多錢的人巴菲特，他每年的平均複息回報是20%，就算考慮他管理資產太大而較難有高回報，投資大師去到30%的每年複息回報，已經是極限。

我們要理性面對事實，投資大師的回報是20%-30%，那麼一般的散戶，如果追求每年50%的回報，基本上是不切實際，甚至背後面對了過高的風險而不自知。

因此，我們投資要合理，不要高估自己的能力及高估投資回報率。不要盲目追求高回報而無視風險。

以為短炒易賺

這是每位投資新手都會犯的錯，我20年前都是，以為短炒很易賺，認為快速賣出股票，將資金再買另一隻，不斷重覆，會有最大回報。一般散戶在數年後，就會發現這方法有時賺有時虧，總結發現是虧損收場。

主要原因有幾個，第一，由於買賣頻密，令每次投資前的研究不足；第二，投資變得混亂；第三，面對一些長期向上的股票，例如港交所（0388）、騰訊（0700）等，會因心急獲利而在賺少少的情況下賣出，明明這兩股升值了100倍，卻親手放棄。

短炒表面易賺，但有經驗的投資者都知其實很難，而絕大部分投資大師，都以長線投資為核心。

憑感覺投資

這是大部分散戶會犯的錯，就是買股票只憑感覺，為何買這股票？為何在這價位買入？為何投入這金額？一般散戶無法具體答到。

我希望大家能以認真的態度進行投資，要具體答到上述的問題，投資要有策略，例如你仔細分析該企業，確認企業優質度高才投資，同時大致計算到現價平貴，配合適當的策略，例如設定總投入金額為$10萬，將會分3注進行，現價先動用$3.3萬，每跌15%再入一注，用盡$10萬就會停止買入，這就是策略。

我們每一次投資都不是獨立，而是整個計劃的一部分，是整個個人財富配置一部分。

不懂得分散風險　集中一類板塊或股票

有部分網友出現這情況，由於內銀股有高息，因此集中投資內銀股，又或有年輕人高度集中在科網股。

雖然集中投資科網股，這類股票上升有理想回報，但投資者不要無視風險，當一個行業，無論是內銀、內房、科網，如果面對一些相同的風險，就會出現同一行業的股票一次過下跌的情況，對整個組合會有較大的不利影響。

除非你有相當的投資實力，否則，適當分散風險是較好的投資方法。

事後孔明

有些散戶經常說「早知...」、「我當時應該...」，首先，這些說話是無意思的，只是浪費時間。另外，這種想法會誤以為當時自己真的有能力做到。

例如：某優質股合理價在$100，某散戶在$100買入，其後市場進入恐慌期，股價跌至便宜價$50，該散戶在由於擔心股價進一步向下，於是在$50賣出。其後大市情緒正常，股價上升至$120，該散戶就會說「早知我$50就不賣出」。

這名散戶虧損原因是實力不足，首先，他在便宜價賣出優質股，反映他沒有價值概念，也不懂以企業去分析股價。另外，他在恐慌期賣股票，被市場情緒牽引，反映實力不足。

這散戶認為今次投資虧損，只是一些外在因素，並不知道真相是「自己的實力不足」，因此他不會檢討自己，不會要求自己進步，往後的投資也是虧損收場。

我從來不會事後孔明，而是會檢視自己，當時的投資策略有哪些問題，日後怎樣改善。例如：我錯過了某股的低位買入，其後大升，我就問自己，是否過往計算企業價值出錯？是否在前景分析部分缺乏遠景？是否在投資策略上過份保守？還是投資策略已考慮風險與回報的平衡，只是當時真的處於值博率不足的狀態？

投資前只想回報　不想風險

我久不久會聽到網友這樣說：「我無想過股價會跌這麼多」。

如果想穩健投資，就要「先想風險，後想回報」，投資前了解該工具或股票，風險程度如何，自己是否能承受。例如一隻未有盈利的股票，估值的變化可以相當大，如果日後有理想盈利，股價可以倍升，但如果數年後仍是處於燒銀紙狀態，未在具體盈利，業務發展仍是有限，股價跌8成都有可能。

投資前要了解該股票的特性，如果企業面對不利環境，最差會變成怎樣。

又例如投資者買了港燈（2638），由於業務穩定、電費穩定，就算經濟再差，業務影響都有限，投資就較為穩健。

溝貨

溝貨的意思，是指散戶在買入某股票後，見到股價下跌，不理質素、不理組合的配置與現金，只為拉低平均價，不斷投入新資金。若企業質素不佳，股價長期向下，只會令虧損數字不斷加大。

正確的投資方法，先定好該股總投資金額，然後定出投資策略，利用月供方式？分注買入？還是一次過買入？當用盡預設金額上限，就不會加注。

另外，當股價持續下跌時，投資者要分析股價下跌的原因，是短期問題、市場資金流向問題、還是企業核心質素轉差？如果是後者，就要賣出止蝕，而不是溝貨期望拉低平均價（溝貨令這個已無質素的股票佔組合比例不斷增加）。

以為細價股比大價股更有升幅

不少人都有這誤解，以為細價股的升幅比大價股為大。

真相是，細價股的股價比大價股更加波動，細價股由於市值細，較少的資金都會令股價出現較大波動，有時的確會見到股價大升，但只是短期，很快又會出現大跌。長遠來說，升幅卻比大價股少，因為長遠的股價建基於企業的價值。

不止蝕

有部分散戶永不止蝕，認為未賣出就不會輸，但這是錯誤的觀念。

假設你持有某隻無質素個股，用$10萬在$10買入，現時股價跌至$7，你認為賣出就會虧損，因此一直不賣，由於企業無質素，股價3年後下跌至$2，原本$10萬只餘$2萬。

相反，若果當時在$7，分析到企業無質素或質素明顯轉差，就要止蝕，然後將資金$7萬轉投資另一隻有質素的股票，假設3年後升一倍，財富增值至$14萬，即是原有的$10萬都算有不差的增長。

投資的重點是將來，不要停在過往的買入價，關鍵位是「怎樣運用現時的資金，令將來的財富最大化」。

> **投資重點是未來，**
> **別留戀過往的買入價。**
>
> **活用眼前的資金，**
> **使將來的財富最大化。**

心急賣出

香港投資者較常犯這錯誤，因為香港人的特點是「心急」，想盡快有回報，往往在有些微利潤的情況下，心急賣出，錯過了賺大錢的機會。

其實我20年前都是如此，股價上升20%就賣出，表面有錢賺，但每次只能賺到些微利潤。

投資者要思考一個問題，股價現時上升了20%賣出，雖然有錢賺，但賣出得到的資金應該投資在哪裡？新持有的項目長遠回報是否比舊的更好？如果原本持有的項目已很優質，為何要賣出呢？

見到股價升少少就賣出是沒有意思的，最重要是「怎樣將長遠的財富最大化」。

無企業價值概念

不少人認為物業較股票實在，因為物業是實物，可具體見到該資產，股票則是一張紙、一個編號，因此很不實在。

一般人認為股票不實在，源於他們不明白「股票就是企業」，沒有以企業的角度分析，只見每天跳動的數字，當然不實在。

投資股票，一定要有企業價值概念，要以「收購企業」的角度進行分析，了解企業的質素、價值、前景等。缺乏這概念的投資者，將面對很大風險，正如著名基金經理彼得林區所言：「投資不做功課、不了解企業，如同玩啤牌卻不看底牌一樣。」

> **投資不做功課，不去了解企業，**
> **等同在賭枱上不看底牌一樣。**
> ***——著名基金經理彼得林區（Peter Lynch）***

認為股價大跌＝無質素

一般人會將短期股價與企業質素劃上等號，但這是錯誤的觀念。

短期股價只建基於資金流向、買賣供求、市場情緒，長遠股價才會與企業價值有直接關係。因此，短期股價可以與企業本質完全無關。

但一般人當見到某股持續下跌一段時間後，就會認為這股無投資價值，認為企業無質素，這是錯誤的觀念。當股價持續下跌，我們會檢視企業的質素有無改變，當企業質素無變，但股價只因市場短期情緒或外在因素而大跌時，就是難得的掃貨時機。

視投資如賭博

有部分投資者，視投資如同賭博一樣，有時碰巧市況利好就會輕易賺錢，但長遠終會虧損收場。

有時短期憑運氣能賺到錢，但長遠回報，就只有靠你的投資實力。投資要經過仔細分析，確保本金安全並有合理的回報，才會出手投資，同時會運用投資策略及配合自己的財富情況，絕不會以「博一博」的心態進行。

只看短期利好因素入市　無長遠分析

股市總有上落，當大市升至高位並回落後，發現不少散戶都在高位入了貨，了解他們為何有這情況後，得知都有共通點。

第一，受當時氣氛影響，因為當時大市處樂觀情緒，他們都對後市十分樂觀而心急入市。

第二，當時有多個利好因素，但仔細分析這些因素只是短期，無法對長期的企業價值支撐，只要市場情緒轉向，股價就會下跌。

第三，重覆性觀念，當他們見到每天、每星期，買股票都升，投資都很易賺錢，就會誤以為往後都是，但過往股價與將來沒有必然關係，因此是錯誤觀念。

從眾與跟風

人類是群居生物，因此會跟從大多數人作為決定方向，當見到大部分人都看好某一股票，買入某一股票，就認為該股票值得投資，這是一個較令人安心的動作，但在投資世界，只要無經過自己的獨立分析，就是一個盲從的行為。

當市場熱炒某一類板塊，絕大部分人都會看好，股價一般都是被炒高的時候，這時投資很危險。

大多數人的行為，我們稱為「正常行為」，但不一定是「正確行為」。根據統計，投資股票輸的人比賺錢的人多，真正賺錢的投資者只是少數，因此，跟著大多數人的行為並不能為我們帶來財富增長。

投資知識嚴重不足

我過往做銀行工接觸的散戶，以及網上問答，不少散戶長期輸錢的原因，主要是投資知識不足，而他們只會認為是「當時大環境不利」、「自己不幸運」。

如果隨便問一些散戶，我相信有很多散戶答不到這些基本問題：市盈率是甚麼？每股盈利怎樣計算？毛利率的公式是？派息比率與股息率的分別？一間企業的價值主要由哪些部分組成？甚麼是存貨週轉日數？怎樣得知企業的融資成本多少？損益表及資產負債表是甚麼？

上述只是一些入門級的問題，但如果你有一半都無法解答，反映你投資知識不足，建議你在掌握基本知識前，暫時不要投資股票。

時刻檢討自己　保持進步

上述就是一般散戶在投資時常犯的錯，部分錯誤我自己20年前都會犯，沒有人一出生就懂得所有事情，透過錯誤學習是其中的過程。

因此，犯錯並沒有甚麼大不了，是進步的其中一個方法，最重要是，知道自己所犯的錯誤，檢討，進步，這才是最重要的。

以下會進入正式的問答內容，這些問題都是精心挑選出來的，不只是有代表性的問題，更是對讀者有一定得著的問題。希望不止在知識上令大家有進步，同時幫到大家解決自己的財務問題，令財富更進一步。

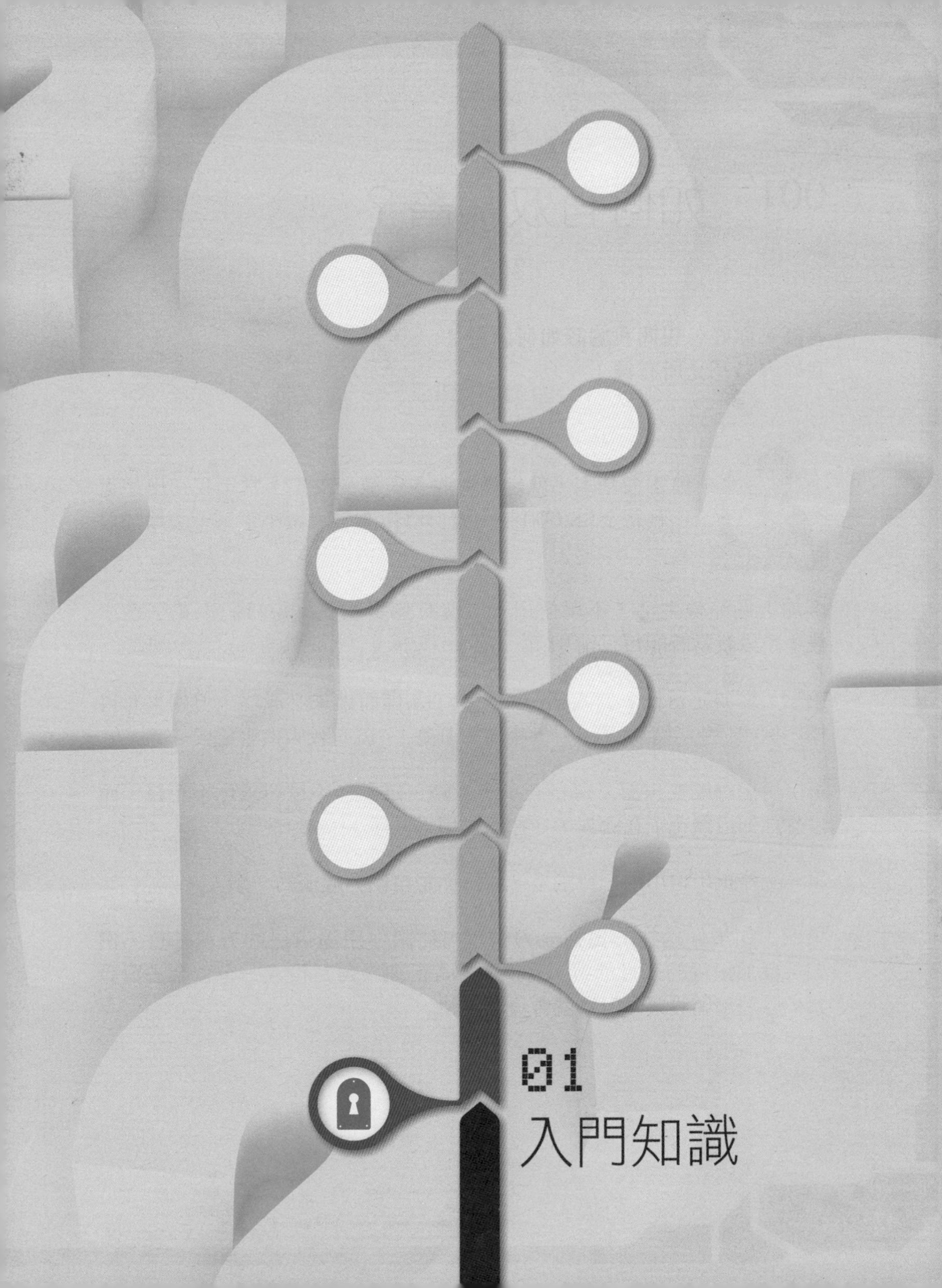

01 入門知識

001 如何有效儲蓄？

老師，你好，想問我應該如何儲蓄？
我好容易花光所有錢！

儲蓄最基本，就是增加收入與減少支出，當年我初出茅廬正職薪金$8,000時，逼自己做兼職，做小生意，去增加收入。

再加上過節儉生活，不用信用卡，沒有無謂開支，每日記下花了多少錢，所以我當時能每月儲$1萬。

第一，你要定目標，對大部分人來說，為儲而儲未必成功，但如果有目標，例如「今年儲$5萬」，「5年儲$60萬」，就有較大機會達成。

第二，記錄開支，記下每日花了多少錢，這動作不是要求你不花錢，而是想你知道錢花了在哪裡，令你的錢用得其所。

第三，停止用信用卡，特別是，如果你是自制力較弱的一類人。

第四，如果你過往的儲蓄能力很差，建議你用逼自己的方法進行。例如：參加銀行的每月儲蓄、月供股票等計劃，每月投入一定資金去買股票，原理是儲股票，財富就會慢慢累積。

002 如何計算複利息？

老師，想請教一下：

1. **複利息有沒有公式計算？如何計算回報率？**
2. **如果我月供一隻每年有5%股息的股票，我每月供$5,000，共供5年，5年後有多少錢？怎樣計算？**
3. **如果我不將股息加入進行再投資，我又會有多少錢？**

1）這是一個數學問題，如果你有$100，每年增長20%，1年後就有$120，2年後就有$144，3年後獲得$173，這就是複利息。

反過來說，如果你現時有$100，知道3年會變到$173，要計算有多少回報率，就將公式反過來計、將$173除以$100，然後開3次方，再減1，就會等於20%。

2）如果以複息的原理計算，可以這樣理解，以下是假設你不斷再投資。每年收到的股息，會再投資在該股裡：

第一年投資了$6萬，複息了5次＝$6萬 $\times(1+5\%)^5$
第二年投資了$6萬，複息了4次＝$6萬 $\times(1+5\%)^4$
第三年投資了$6萬，複息了3次＝$6萬 $\times(1+5\%)^3$

第四年投資了\$6萬，複息了2次＝\$6萬 $\times(1+5\%)^2$
第五年投資了\$6萬，複息了1次＝\$6萬 $\times(1+5\%)$
本金＋利息＝\$348,000

其實上網可以找到一些程式去計算，以及有公式計算得到的。

3）如果你不將股息加入去再投資，只是每年將收到的股息存起，就會變成：

共投入本金＝\$300,000

利息有：
第一年投資了\$6萬，收了5年股息＝\$3,000×5
第二年投資了\$6萬，收了4年股息＝\$3,000×4
第三年投資了\$6萬，收了3年股息＝\$3,000×3
第四年投資了\$6萬，收了2年股息＝\$3,000×2
第五年投資了\$6萬，收了1年股息＝\$3,000

利息＝\$45,000

本金＋利息＝\$345,000

總結來說，如果將資金再投資，最終滾存到\$348,000，如果不將股息加入再投資，最終會有\$345,000，兩個數差別不大，這是由於回報率5%不高，以及年期5年並不算長，複利息威力並不明顯。

003 初中生理財計劃

龔成老師，我是一個初中生，每日步行上學，每星期只有一兩天外出用餐，其餘日子均在家中用膳。最近，母親替我開了一個銀行戶口，用作存放利是錢(大約$5,000，因為還未拆利是)。

現在，我亦都有寫記賬本和理財週記，記錄自己每日的消費，我不清楚自己所做的是否正確，希望龔成老師能加以指點。
無言感激！

作為一個初中生，你有這程度的理財概念，相當不錯！

由於你這刻尚未正式踏入社會工作，因此收入及財富不多，這是正常的，你這刻應先做好「知識上的投資」。

第一，閱讀更多有關理財的書，打好基礎，到你日後真正出來工作，有正式的收入，我相信你財富的累積，比同齡的其他人快數倍！

你現時的理財模式正確，你可以繼續，但亦要留意，不要因為太過著重理財，而影響了和朋友的社交，你要取一個平衡點。

第二，養成記錄收入與支出的習慣。留意，理財並不是要我們一毫子也不花，而是將錢用得其所，如果出現對自己長期有利的消費，這些錢都可以花，例如買書，自我增值等。

第三，我建議你建立兩個儲蓄賬戶（不用特別開戶口，你只要用簿記下數字即可）。

一個是「儲蓄消費賬戶」，另一個是「財富賬戶」。當你每次累積到財富後，你要作出分配。例如你現時有$5,000，你可以將其中的$2,500，分配到前者，另一半分配到後者。

前者的作用是給你日後消費，例如買一些較大金額的東西、去旅行等。至於後者，則是不花掉的，這個賬戶是給你財富不斷滾存，助你更將來擁有更多財富，你慢慢會明白這個賬戶的威力。

兩個戶口比例如何分配，由你決定。你可以將每月餘下的錢投入去。當你將錢投入到「財富賬戶」，就不會花掉，只會用作增值，至於如何增值，則可以慢慢學習，不用心急。

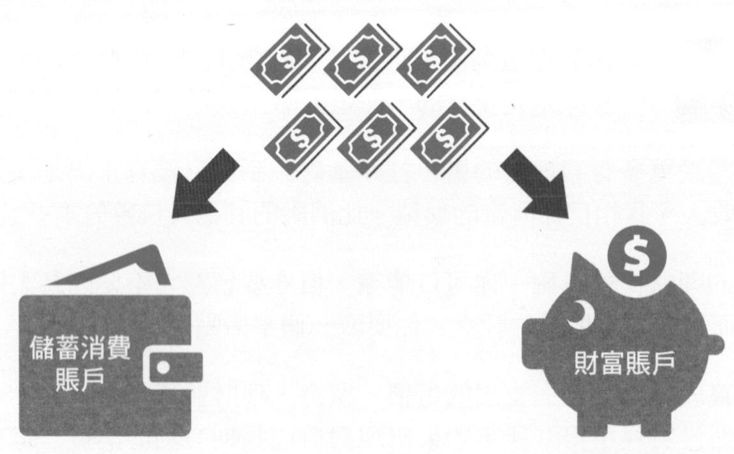

004 追求夢想，如何保持這團火？

老師，多謝你的書教我追夢，我今天終於決定辭職了，如果早幾年認識你就好了！

其實小弟最弱的就是要持續地去保持著團火，想請教一下，有甚麼方法可以不斷保持？

我經常一鼓作氣之後便散漫下來！

你要用一些方法，每日提醒自己，每個人都有自己最有動力，以及最怕的事，我們正要利用這兩個因素，作為我們前進的動力！

例如你的目標是幫家人改善生活，你就要經常用家人生活得好，作為一個畫面，提醒自己要有一團火，每次面對挫折時，都用這畫面提醒自己，令自己不要害怕困難。

因此，你要尋找自己的夢想方向、大目標，再定小目標、計劃，你要強化慾望，令自己有更大的推動力。我在多年前，都有以買物業作目標，希望自己能改善生活，於是會在家中貼了一些物業相關的相片作為推動力，經常提醒自己，要堅持向目標前進！

另外，每個人都有害怕的事，你可以好好利用這點，例如當你無法完成目標時，就會產生某些後果。例如對身邊的人作出承諾，以這方法逼自己完成目標，逼自己時刻保持著一團火！

因為你知道，當你無法完成目標時，你身邊的人會很失望，當你每次想起這點時，就會令你進入一個「非成功不可」的狀態，自然不會將目標不了了之。

謹記，能否完成目標，你的能力不是最核心因素，而是和你的決心，和你有多少渴望，有著最大的關係，加油！

005「成功日記」怎樣寫？

你好龔先生，我看你的書建議人寫「成功日記」，每天記錄一些成功的事。但我感覺怪怪的，我研究了一下，把寫下來的項目轉變成這樣：

1. 有記賬　理財能力+1分

2. 有敷面膜　儀容+1分

3. 運動1小時　健康+1分

如是者，我把自己當成育成遊戲，將不同的分數加起來。

可以分享一下你是怎樣寫成功日記嗎？
我覺得自己這樣好像有點怪。

我過往的書，一直都建議人寫「成功日記」，因為這個方法很有用，雖然好像有點瘋狂，但其實很有用。

我的方法與你的有點相似，但就沒有寫評分。如果覺得好成功的項目，我就會以星星符號作標記。我平均每日寫5項，現時已累積寫了約20本「成功日記」。

以下是我寫「成功日記」的例子，我會以列點形式寫：

- 讀了一份企業年報
- 今天寫書寫了3,000字
- 回覆了40題讀者問答，幫了讀者
- 跑步半小時
- 看書吸收知識，並提升了動力
- 保持正面積極的心

「成功日記」很有用，不要覺得自己有問題，你一年後會發現自己比其他人更有信心，同時完成了好多原本以為自己做不到的事，之後更有動力做更多大事！

成功人士與一般人，總有一些不同之處，你要做「正確」的事，不是做「正常」的事。

成功人士總是與別不同，要懂得做「正確事」，而非「正常事」。

006 股票複利息如何運作？

老師我想請教一下，我明白複利息的威利有多大，但我不明白當我買入股票長線投資後，複利息是如何運作的？

我是否要不停買入一隻優質股，每年收息，然後再買入同一隻股不斷滾存嗎？謝謝。

龔成老師

我們投資股票的回報，主要是透過股價增長，以及股息的派發。

就算你沒有賣出股票，但只要股價一直上升，這已經是複息的原理，例如騰訊（0700）、港交所（0388），都是很低價上市，之後上升100倍，你根本不用買入賣出，只要買入並長期持有，財富已經有理想增長。

這是由於企業不斷增值，帶動長期股價向上，成為複息滾存模式。

另外，如果一隻股票派股息，你可以將收到的股息，再投資去該股票裡，同樣是一個複息滾存的模式。

若果從整個財富層面，買股票就是買入企業，當企業每年賺到盈利，就算不派息給股東，企業都會利用盈利進行再投資的動作，令到企業成長，提高將來價值。

企業進行「再投資」的動作，已經是一個複息的概念，只是投資者當刻未有收到現金作複息，而複息隱藏在企業當中。

007 先增值資產，後增被動收入

成哥，我看完你的網上課程，有少許概念不明白，想請教一下。

課堂中主要見你視優質股的股息為被動收入，但潛力股一般派息較少，這樣不就沒法去提升被動收入？

我去計算「被動收入率」是否沒有意義？

被動收入是財務自由的主軸，是衡量你能否達成財務自由的指標，你在網上課程已學了當中的概念。但你在執行時，就會開始思考一些更具體的問題，其中一個，就是如何有效地進入財務自由狀態。

你吸收課程內容，再配合現實情況，你的思維會進化。被動收入是衡量的指標，但你要更仔細地計算與平衡，想追求「這刻」的被動收入，還是「將來更強大的被動收入」。

如果你的目標明確，例如10年後財務自由，但這刻的財富很少，投資收息股雖然可提升被動收入比率，但對達成「10年財務自由」的目標，並沒有明顯幫助。

這樣，你可以先放棄這刻的被動收入，以長遠財務自由作重心，以「先增值，後現金流」為長遠策略。

這刻先投資潛力股及增值力較強的股票，先爭取較大的資產增值，待資產增值至一定程度後，才慢慢將這些資產，轉成收息股類別。這就能更有效創造更多的現金流，令被動收入大增，達到財務自由的效果。

因此，「被動收入率」是衡量我們能否財務自由的指標，一般會在累積財富的後期運用。初期會著重「增值」，「被動收入率」不高是正常的，因為在累積財富初期，這不是我們的最大的著眼點。

008_引導孩子理財

龔老師，我的兒子今年13歲，就讀中二，兒子跟我說他已存了$8,000。

我應該怎樣引導他理財及投資呢？謝謝。

首先，要先了解你兒子為何會儲錢，小朋友願意放棄當刻的享受，將錢儲起，這動作並不容易，所以值得一讚！但都要了解他背後的想法，是將來想買一些物品，還是只為儲而儲？還是已經有一些基本的理財知識？

當年我18歲開始買股票，我相信，16歲開始正式接觸股票較好。這刻，可以先教他一些基本理財概念，亦可教他一些投資及股票最基本的概念。

首先，教他將錢分成幾個賬戶，例如「長期消費賬戶」及「永久賬戶」，前者是儲來花費的，可動用的，例如儲一筆大錢，然後可買一些心頭好物品。

至於「永久賬戶」，則是非到最後關頭也不動的，目的是不斷儲錢，他可能會問：「這戶口有甚麼用？」

儲錢的目的就是將財富不斷滾大，令將來擁有更大財富，同時提高將來的生活質素，以及有更多財富對生活有保障作用。同時，這戶口要有「回報」這概念。

例如，若該筆錢每存在這戶口內半年，你會額外給予你兒子10%的回報，令他明白「回報」這概念。

之後到年紀再大點，可介紹幾隻收息股給他，讓他決定是否投資，用你的投資戶口去投資，而資金用他的。最重要是讓他明白「分配」、「投資回報」等這些概念。

理財不能紙上談兵，讓孩子落實去做，就是最好的理財教育。

009 強積金策略

你好龔先生，我想問有關強積金的意見。最近終於決定整合之前的強積金戶口，我現時34歲，想轉去恒指基金，現在是適當的時候嗎？

考慮到近年恒指好像不是特別吸引，有時轉換的一刻又擔心買貴貨，全數轉入可能增長有限。如果先放在低回報類別，之後才轉去恒指基金，這樣好嗎？謝謝。

強積金是一個超長期的投資，所以我們在策略上，只需要按自己人生階段去進行分配就可以。年輕時進取，中年平穩，老年就保守，這就是大方向。之後再按自己的風險承受程度、投資實力等因素，略為調整即可。

你現時34歲，仍是財富有增值力的階段，而恒指基金算是平穩增長型，因此，都算是適合你，但以平衡的角度來計，最好同時加入環球股票基金，就會更加平衡。你可以將過半或全部轉去相關基金，之後再按你年齡漸增，慢慢減少風險就可以。

至於你擔心轉相關基金會買貴貨，其實不用太多這樣的分析，除非你較肯定現時恒指已處於貴的水平，否則，只要在合理區，都可以轉到相關基金。雖然在便宜的區域先轉到相關基金的確較有利，但沒有人知道之後相關指數會否下跌，因此，你不用太多主觀的判斷，只要在合理區轉去就可以。

另一個減少風險的做法，就是分兩次轉去相關基金，例如現時將一半資金轉去，之後就等一年後再轉，這已經能產生平均買入價的作用，有效減少風險。

010 基金與股票的分別

龔成老師，「基金」同「股票」有甚麼分別？我應該投資股票還是「股票型基金」好呢？

股票就是一間公司的擁有權，當你買股票，如同買入一間公司的一部分。例如你持有港交所（0388）的股票，你就是港交所股東，公司往後的發展就會影響你持有港交所股票的價值，同時當港交所分派股息，作為股東的你就能得到股息上的利益。

至於基金，就是一個集體投資的模式，大家湊錢成為一個較大的資金，然後由基金經理去投資不同的項目，基金可以投資股票、外匯、商品、物業、衍生工具等，要視乎該基金的主題。就算是投資股票，都可以有不同主題，例如生物科技、電動車、醫藥、互聯網、能源等。

另外，不同基金會投資不同地區，例如中國基金、美國基金、環球基金等。

基金分「主動型基金」及「被動型基金」，前者有基金經理進行投資決策，他會因應投資環境等因素，進行不同的買賣策略。至於被動型基金，只是追蹤著一些指數及資產類別，例如交易所上市基金（ETF），一般都是被動型基金。

至於「股票型基金」，就是該基金主要投資在股票。

如果你有自己選股的能力，可自行投資股票。如果未有選股能力，就可考慮投資基金。不過要了解該基金的投資策略及過往回報是否理想，因為「股票型基金」有很多的，回報有高有低，要小心選擇，如果不懂分析，最簡單就是投資追蹤指數的基金。

另外，由於基金同時投資多隻股票，因此風險度會較自行投資單一股票為低。

011 新手投資者的準備

龔成老師你好，我沒有投資經驗，但我其實一直都想投資股票，只是我不太清楚整個系統，所以不敢開始第一步。

請問我現在需要留意甚麼呢？

你需要知識，你可以透過閱讀書籍，上財經網站，留意財務新聞，以及上一些投資班，從多方面去增加投資知識。《股票勝經》是股票入門級的書，適合你的。

同時要明白，股票是投資工具的一種，投資只是理財的一環，而理財是分配，並不是炒炒賣賣。你要將資金作出分配，建立一個長遠適合你的組合，持有的工具或股票要優質，同時處於平衡狀態。

我們理財，要做到「攻守兼備」，有現金、保險等防守工具，同時要有增值的部分。

作為初階者，你可從穩健的股票著手，收息股、公用股、房託，這些股票不少都很穩健，你可以先了解。下一步就是開股票戶口。

另外，你未有捕捉平貴的能力，投資時最好用分注的方法買入，要將資金分多次買入，例如月供股票去平均買入價，減少一次過在高位買入的風險，同時，亦不要集中在一隻股票中，要建立「組合」。

012 新手的投資策略

老師你好，我今年25歲，是投資新手，想投資股票，有幾個問題想請教你：

1. 我應該月供股票還是每個月儲一定的金額，待股票跌到相宜價位才入手較好？
2. 我應該將投資平均分佈在四大國有銀行，還是應該買多點港資股好呢？
3. 我應該用薪金的多少個百分比去投資？
4. 新手投資有甚麼要注意？

謝謝！

1. 如果是投資新手，月供股票會較好，因為買入價可以平均，減少一次過在高位買入的風險。對於未能掌握投資時機及評估企業平貴能力的投資者，月供股票風險會較低。

但如果你已有一定的實力，自行分析平貴去進行買賣，得到的回報當然會較高。

2. 在財富分配中，你不能夠太集中一個行業，一個行業佔你股票組合的比例去到30%已是上限。

另外，銀行股賺錢能力不及過往。雖然都可投資，但只是收息股，增長有限，對只有25歲的你未必很適合，因為你這年齡應該投資較有增長力的股票類別。

3. 對年輕人來說，最好儲起人工的一半作財富增值，而這部分，你可以將七成用作投資，例如你月入$20,000，最好將$7,000月供投資，餘下$3,000就當是現金儲蓄。

4. 新手投資要注意以下五點：

第一，要明白投資不是炒賣，是長期建立財富組合的過程。

第二，你要投資優質股，如果未有選股能力，就投資交易所買賣基金（ETF）。

第三，要長線投資，買入股票即是買入企業，要耐心等企業成長。

第四，要有一定的現金剩下，初期不要太進取投資。

第五，多增加知識，投資前多做功課。

一個行業佔股票組合比例30%已是上限。

013 甚麼是ETF？

你好，我想請問ETF是甚麼？

龔成老師

交易所買賣基金（Exchange Traded Fund）（ETF）就是一種能在交易所買賣的基金。

這些基金追蹤著各種指數或資產，例如追蹤香港恒生指數的盈富基金（2800），買入盈富就如同買入了多隻恒生指數成份股。當恒生指數上升時，盈富的價格亦會上升，反之當恒指下跌時，盈富亦會下跌。

由於成份股不少都是優質的企業，故包含這些股票組合的盈富，亦等同於一個優質的資產項目。除了追蹤香港的恒生指數外，亦有追蹤各種指數的ETF，如追蹤美股標普500指數的（VOO），亦有追蹤中國股票指數、亞洲股票指數、金融業指數及科技指數等。

傳統基金大多是主動型基金（即是有一個基金經理，不斷因應投資市況而進行投資決策），ETF大多數則是被動型的（只被動地追蹤指數或某些資產項目，不會有主觀分析並進行配置）。

除追蹤指數外，ETF亦有追蹤各種資產的，如物業、商品、債券、黃金及石油等，例如追蹤黃金價格的ETF，當黃金的價格上升時，這ETF的價格亦會跟隨上升的，即是投資這ETF如同間接投資了黃金。

簡單來說，ETF可是一種間接投資某指數或資產的工具。

ETF比起傳統基金，好處是買賣方便，只需有股票戶口，在股市開市時段就能進行買賣，靈活度較高，同時入場費一般都較低。

加上管理費等相關費用，ETF一般都比傳統基金少，因此，在成本上有一定的優勢。對於投資實力不太高的投資者，ETF是一個很好的工具。

014 何時投資黃金？

老師，想問甚麼時候適合買黃金？

黃金是人類自古以來認同的貨幣，加上供應有限，投資者會視為「終極貨幣」，當中有一定的價值，可以在我們的財富配置上佔一席位。不過，由於黃金本身並不能產生現金流，因此又不應佔太大的比重。

投資黃金，並不是分析中短期走勢，而是「配置」，一般來說，佔財富比例的1%-3%就可以。

因為黃金始終無現金流，投資價值不及其他資產項目，所以不值得持有太多。而黃金最大的價值，就是在超大型黑天鵝出現的時候，例如超級天災、大型戰爭。

所謂的黑天鵝，就是一些極少發生，或過往從來無發生過的極端事件，但當出現時，就會對全球各方面，民生、經濟、財富及投資市場等，帶來非常大的影響。

當發生這些極端事件時，黃金就可以用作保命，以及奪取資產的作用，因為到時現存的貨幣制度將會崩潰，而持有黃金就會有很大的價值。

因此，我們並不是預期金價的走勢，而是進行「配置」，令黃金作為我們整個財富一小部分，對沖黑天鵝風險。

015 如何增加投資知識？

你好，我想請問，你是如何學習投資知識。你以前有沒有在坊間學，抑或只是看書？我看你投資知識很豐富，怎樣才能增加知識？

我在1999年第一次買股票，發覺自己甚麼都不懂，明白自己的無知，就開始瘋狂閱讀投資類書。之後多年來，已經養成平均一星期讀一本的習慣，到現時都是。

當時由於沒有錢，因此只到圖書館閱讀。後來有錢就開始買書，買書的好處是可以在書中劃下重點，做筆記，同時久不久重溫。

與投資、股票有關的書，我都會閱讀，同時會集中閱讀價值投資法的書，巴菲特有關的書都會閱讀的。

另外，我自己讀大專及大學時，都是讀「財務系」的，算是學到了與股票、投資、企業有關的知識。不過，你不需要刻意去讀學位，因為部分知識太過學術，不一定有用，反而多閱讀價值投資法相關的書，更為實際。

當年剛開始買股票時，我經常去聽不同的講座，上投資班，免費的、收費的，都有去聽。由於當時我由零知識開始，因此處於一個「十分渴求」知識的狀態，因此一見到坊間有投資講座及課程，就會去聽。但我後來發現，坊間不少投資觀念都是錯誤的，所以你要小心選擇。

另外，我在銀行及證券行工作過，都能增加我的投資知識。

除了上述的學習外，實戰應用知識是提升實力的重要一步。我十多年前開始用「價值投資法」，即是分析股票就是研究企業，我當時開始了每星期分析一間企業，要求自己閱讀這企業的年報及相關資料，每次都要花6小時，並寫一份簡單報告，分析這企業的質素，前景，估值等。

這方法已進行了多年，我亦因而令自己的投資實力大增。

綜合來說，增加投資知識的方法：閱讀、上課、工作、實戰及花時間研究企業。

016 致富類書籍推介

老師你好，你有甚麼好書可以介紹，
我是初學者，完全零概念，謝謝！

以下是我個人認為值得反覆閱讀的好書，當中有理財，有致富類，有投資類，初學者都可看的。但由於部分的書年份久遠，你可能要到圖書館借閱：

《我十一歲，就很有錢》

《經濟蕭條中，七年賺$1500萬》

《富爸爸，窮爸爸》

《思考致富聖經》

《秘密》

《財富金鑰匙》

《有錢人想的和你不一樣》

《洛克菲勒寫給兒子的38封信》

《解讀巴菲特》

《巴菲特傳——永恆的價值》

《勝券在握》

《智慧型股票投資人》

《非常潛力股》

《彼得林區的選股戰略》

《誰搬走了我的乳酪？》

《人性的弱點》

另外，我的《80後百萬富翁》、《財務自由行》、《股票勝經》、《大富翁致富藍圖》都適合初階者的。

017 將現金轉為「真財富」

老師，我看了你的《財務自由行》，不太明白「現金作用」。你說他沒有價值，並不是真財富，請問是為甚麼呢？

首先，現金不是真財富，不是資產，並無累積的價值。

1971年前，美元以「金本位」制度進行，但1971年之後就以「債本位」進行，發行債券就能發行現金，所以在理論上現金能無限發行。現時的現金，並不是任何真財富，只能視為「政府借據」。

因此，如果我們想擁有真財富，就不能單純持有現金，而是將之轉為一些「真正財富」的項目，例如投資物業及優質股，並建立企業等。

至於現金的作用，主要有三個：

第一，交易工具。現金並無任何累積的價值，而最大的作用只是供人民作為交易工具。

第二，備用，當我們進行理財時，要做到攻守兼備。雖然現金不是真財富，但就有防守作用，因此在我們理財中，都要持有一定數目的現金，例如3-6個月基本開支的現金。

第三，等待投資機會。

在理論上，現金不斷貶值，資產不斷升值，因此愈早購買資產一定愈有利（例如10年前買樓，一定比今天買樓較便宜），但在實際上，資產價格都會有升跌，因此適當把握時機都重要。

所以在財富配置的策略上，留有一定的現金，等待投資機會。當投資市場大跌時，就能以較便宜的價格買到資產，對長遠財富增長當然更為有利。

018 理財四部曲

成哥，我是新手，過往沒有儲錢，很想跟你學習如何一步步累積財富。你可以簡單分享基本的過程嗎，我應如何開始第一步？

龔成老師

理財是一個持續過程，令自己的財富運用得最有效化，在可承受風險的情況下，累積財富，並爭取合理回報。由於每個人的背景、能力、財政情況、風險承受能力不同，因此，理財是一件很個人化的事情。簡單來說，我用以下四步去教你進行理財。

第一步，了解自己。

了解自己的財政情況，收入是否穩定，支出會否過多，每月能儲多少錢，將來會否有大支出發生，了解後不單能作出改善，更能為此設定適合的理財計劃。

之後就是了解自身的資產負債情況，資產分配情況如何，物業、股票、債券、銀行產品、貴金屬、現金，各類資產的配置情況如何，是否能平衡風險，現金的比例是否適合，這些資產有否長遠增值能力，當中的風險如何。

另外，了解自己的投資取向亦很重要，自己屬於保守型還是進取型？追求穩定收入還是高增值？這些都是了解自己的方向，只有了解後才能為自己設定適當的理財計劃。

第二步，計劃。

了解自身情況後，下一步就是計劃，例如設定一個5年或10年的理財目標，如「5年累積$100萬」。並利用增加收入、減少支出的方法，提高每月儲蓄數目，並開始進行投資。

在設定大方向時，一般會先考慮年齡及家庭狀況，年輕人負擔較少，風險承受能力較高，以及可投資年期較長，因此會選較進取的工具（風險都會較高）。

到中年時期，投資宜選中等風險的，追求平穩增值型工具。到年紀較大，就要投資低風險的資產，以收息為主，期望獲取穩定的利息收入。

第三步，執行。

在執行理財的過程中，最困難的地方是「堅持」，大部分人會因少少困難，或進行數個月後無特別成果時，就會輕言放棄。要記著，累積財富是一個長期過程，當中一定會遇到困難，而堅持就是關鍵因素。

你最初不要定過高的目標，避免遇到困難就放棄。最好定一些「合理」、「適合自己」的理財目標。

第四步，持續檢討。

在執行理財計劃的過程，要持續檢討。理財計劃的大方向最好不要改變，但細節位就可以調整。

希望你聽完上述的四個步驟，開始落實理財計劃，並在數年後完成了一些理財目標。

02

理財創富

019 小資金如何創富？

我今年31歲，現時本金很少，是否不適合投資收息股？我只有$30萬，怎麼辦？

當我們進行人生財富累積，會運用「先增值，後現金流」作方法，年輕人應投資較多增值類資產；而較年長者，則應投資較多保守類項目。

因為年輕人的財富系統未成形，同時負擔較少，可承受的風險度較高，所以會著重增值為先。相反，年長人士承受風險能力較低，應該以保本為主，同時著重現金流。

例如初期投資較有潛力的股票，令財富較快增值，當增值到一定金額後，就可以開始將財富分配至平穩增值型股票，然後到年紀漸長或已累積了相當財富後，才漸漸轉成收息型股票。

所以，31歲的你是財富增長的黃金時期，這刻不需要考慮收息方面，集中力量去將財富增長會更好。

試想想，如果你這刻將$30萬投資收息股，假設收息6%，你每月收$1,500，作用有限。

相反，若果這刻先將財富增值，將$30萬以及你每月儲蓄的資金，投資一些較有增長力的項目。如果多年後能滾存到$600萬，之後再將這些資金轉投資收息股，假設有6%股息，平均每月收息就達至$30,000，對你整體財富及現金流都有較大的作用。

020 初階者投資第一步

龔成老師你好，本人現年32歲，月入$25,000，每月可以儲$12,000。

現時有$20多萬儲蓄，沒有投資經驗，怎樣才能增值財富？不知道如何開始第一步，謝謝你！

你要做三件事情。

第一，增加知識，你要學理財及投資的知識。留意，投資並不是坊間的炒炒賣賣，你要從書本或課堂上認真學習，要學正確的投資知識。《股票勝經》是入門的股票書，適合你的。

第二，了解銀行及證券行，去開一個證券戶口，並準備做月供股票。

其實兩者都可以，銀行就較方便，但手續費就較貴；證券行收費就較便宜，你可以先了解下不同的收費。

第三，將每月的部分資金做月供股票。對初階投資者來說，月供股票是一個很好的累積財富方法，因為可避免一次過在高位買入的風險。

原理如同儲錢，不過就不是儲現金，而是儲股票，計劃要長期進行，選

股一定要優質股。到你有一定的投資知識，就可以減少月供金額，自行以一手手買入的模式投資。

如果你未有選股能力，最好是月供一些指數基金，例如盈富基金（2800），又或追蹤美股標普500的VOO。如果想較有潛力，就可考慮安碩恒生科技基金（3067），這基金追蹤恒生科技指數，當中都是一些科技類企業，有一定的潛力，不過風險度會較盈富基金為高，美股則可以考慮追蹤納指的QQQ。

你32歲，仍是財富增值的黃金時期，要好好把握，盡你一切的力量去儲蓄、投資、學投資知識。

你現時已經可以進行月供股票，每月可以用$6,000-$10,000進行月供。至於$20萬，暫時就不要心急動用，直至你有更多的投資知識與經驗。

021 經濟向上不是人人受惠

龔Sir你好，看了很多你的文章，令我獲益良多！你說經濟好股市就向上，這個看法我也認同。

但有時我又想，以香港的實際情況為例，不但貧富懸殊越來越厲害，甚至連入息不錯的一群以至中產，生活條件也是越趨下滑。雖然股市和樓價向上，但這到底算是經濟好還是不好呢？

你帶出了一個很好的問題，很多人不明白這點的。

經濟向上，社會財富就會增加，但不是人人都受惠，每個人及企業得益的程度都不同。股票的本質是企業，經濟向上企業價值自然提升，但有些企業在當中只有少許得益，相反有些企業則有較大的得益（往往是有優勢的企業）。

若然企業受惠，是否人人得益？不是。

資本家會得到最大的利益，而企業的員工，只會得到很少的利益，甚至無得益。經濟向好，不代表生活質素向好，這是兩個不同的概念！

當經濟向好，我們就要思考，哪些人得到大部分的利益？財富的流向去了哪裡？

財富從來都沒有流入到員工的手中，持有物業者，生意擁有人，資本家，以及懂得投資的人，才會享受到經濟增長的利益。

一般人認為現時樓價很貴，只是基於「以人工衡量樓價」、「以現金衡量樓價」，因此覺得貴。但明白財富概念的人，不以這思維去衡量，他們以租金回報率、資產價值、資金成本、物業長遠價值去決定平貴。

同時，亦會以社會財富的角度去衡量資產價值，例如自己的生意在近3年間盈利增長1倍，而樓價升了1倍，對一般人來說這物業很貴，但對這個生意人來說，樓市無貴過，這就是財富分配模式所帶出不同的結果。

你要掌握以下概念，第一，不要用「人工追資產」，要用「資產追資產」，用資產的角度去進行分析，並進行財富增值策略。

第二，要了解當經濟向好，社會財富增加時，錢去了哪裡？

物業者、資本家、企業家、投資家，才是最後的得益者，我們就要站在對自己有利的位置，學習他們的知識，做他們所做的事。

別用「人工追資產」，
要用「資產追資產」。
以資產角度分析，
制定財富增值策略。

022 資產追資產

老師，我家在香港開了一間小工廠已有一段長時間，不過家族生意正在虧損，最近家人開始借多了錢。

想問老師及書中提及的「資產追資產」，是否借錢投資或做生意？這就是資產追資產嗎？可否順便解釋「人工追資產」。

本來家族生意已有虧損，還應該借更多錢改變局面嗎？

襲成老師

關於「資產追資產」你可以看《財務自由行》、《大富翁致富藍圖》，會有更完整的答案。

資產追資產可以有很多模式，例如投資股票升值後賣出去再買物業，又例如投資物業升值後，利用加按資金再投資其他資產，都是「資產追資產」的其中一些概念。而按資產借錢都是其中一種，因為這是將原資產價值呈現出來的方法。

至於「人工追資產」，其中一個例子就是不少人買樓，都打算儲薪金（現金）去買，但薪金與物業是不同的財富系統，根本就追不到。

正確方法應該用薪金先追小資產，例如潛力股，到潛力股增長後，就可

以資產追資產，例如追小物業單位，之後再用小物業追大物業。但一般人想一下子用薪金追心頭好物業，這就是用錯了方法。

有關你家族生意的問題，並不是借錢去追資產，反而現時的情況，是將業務由虧損變盈利，這才是核心。借錢不一定能解決問題，借錢往往只能解決到眼前流動性問題，最重要是處理長遠的業務情況。

如果業務本質是虧蝕的，借更多錢也沒有意思，應該分析如何做好業務。你家人在香港開廠，要分析虧損的原因，是短期還是長期問題。如果是大環境改變，你們就要全面改變以作配合，死守原有業務不是可行方法，你不應該同大環境作對，要順應大環境而行。

> **用薪金先追小資產，例如潛力股，到潛力股增長後，就可以資產追資產，例如追小物業單位。**

023 應否創業的苦惱

老師你好。我今年24歲，想請問有關創業問題。

畢業至今工作累積$30萬（股票+現金），因為不甘心這輩子只幫別人工作，因而想自己創業。

初步打算全職經營Party Room，想頂讓別人的生意，我本金不算多，頂讓生意可以省卻由零開始建立的成本。

但始終第一次創業，面對著計算燈油火蠟、租金、回本期，我本來抱著挑戰的心態嘗試，我不想令將來的我後悔。

這$30萬是辛苦多年的積蓄，憂慮萬一失利會化為烏有，有考慮過用貸款來代替這筆積蓄，現在我既恐懼又想嘗試，希望老師可以提供意見，謝謝。

龔成老師

這$30萬對你來說是很重要的，我建議你先做多點功課，準備更多。

其實無論投資股票、自己創業、頂讓別人的生意，做功課都是一定要的，例如我自己，一年分析50隻股票，每隻股票要花約6小時，但最後只會投資1、2間。我很清楚，如果我不做功課就投資，虧損的機會就較高。我一些做生意的朋友，當開展新生意時，會付錢給坊間的調查機構，做足市場調查先開始。

如果你資源不多，就要自行做多一點功課，了解市場才開始生意，例如成本、收入、市場發展、消費模式的變化，更要了解市場結構，你想開業的地區有多少競爭對手。要找全港數據，消費區能容納到多少間這些店舖，它們的生意情況、市場定位、特色、收費、宣傳方法等。

你嘗試當然是好事，但如果要做，就要盡力做！

你不能馬虎了事，要十分仔細去研究，現時哪一間較成功，你要視這店為學習對象，為何它會成功，宣傳技巧怎樣，獨特性是甚麼，有哪些獨有的優勢。

另外要記著，香港人是貪新鮮的，做生意一定要懂得變通，要時刻留意市場。

另外，你表示「用貸款來代替這筆積蓄」，貸款數都是要還的，當生意失敗時，不可能因為本金是貸款而會令你無損失，根本是一樣的，只是資金運用的問題，小心概念錯誤。

你24歲，如果不斷努力，不斷嘗試，肯定你30歲時有一定的成就，你現時擁有其他人沒有的勇氣，如果你能保持這狀態，就算生意不成功都再嘗試，長遠肯定能建立賺大錢生意，只是時間問題。

你很年輕，我很期待你做生意成功。

最後給你三個建議，第一，你要多做功課，不能有勇無謀；第二，保持這份勇氣及動力；第三，生意不成功是很正常，最重要是不斷嘗試，每次都是很好的經驗，加油！

做生意要時刻留意市場，香港人是貪新鮮的，所以一定要懂得靈活變通。

024 開網店第一步

請問如果我想經營網店代購泰國產品，我該從何入手，我有位朋友住在泰國。

第一，你要尋找「市場需求」，你不是為賣而賣，而是要賣「市場需要的物品」，如果你是賣給香港人，你就要想想，香港人想買哪些產品，你怎樣幫到消費者買到心頭好，例如現時市面上沒有，又或較難找到的，但又有消費者有興趣想買的。

第二，當你從市場需求找到方向後，下一步你就要找供應，如何找到對手找不到的供應，無論是產品的種類，還是入貨的價格，怎樣產生自己的優勢。

如果你發現香港現時沒有這類產品，而你已找到供應，加上入貨價合理，你就要盡快搶佔市場，只要對手早你一步，你都可能最終失去整個市場。

第三，建立自己的獨特性。如果現時市面上已有類似的網店或產品，你很難強行搶佔市場。這樣，你就要建立自己的獨特性，你不用做到最好，而是做到「與別不同」，令消費者記得你，無論是品牌、產品、服務、系統、特色上，總之要做到消費者很易記得你。

其實，你初期可以先試水溫，你未必知道香港人喜歡哪一類產品，但可以試，因為市場往往是試出來的。可以同時賣多類產品，若發現某一類較受歡迎，又或消費者告知你希望多發掘某一類產品，你就加強發展，做生意往往是順勢而行的。

025 車位有無投資價值？

龔老師，想請問你對投資車位有甚麼看法？謝謝回答。

車位是一個不錯的投資工具，原理與買樓收租類似。

土地本身是有經濟價值的項目，由於有限，長期價值一定向上，而車位就是其中一種由土地衍生出來的資產，故有投資價值。

投資車位如同買樓收租，都可以做按揭，可以收租。由於投資物業的金額較大，對資金較少而又想投資固定資產的投資者，車位就是一個選擇，加上管理較為方便，因此都是不錯的投資工具。

但要留意，車位所能做到的按揭成數，一般比住宅為低，加上按揭年期較短，按揭利率較住宅按揭較高，因此在按揭方面沒有太大優勢。

在分析車位是否值得投資時，投資者要從用家角度出發，該車位是否好泊、該地區的車位有多少、住宅比例又有多少以及當區居民的收入情況，是否有一定數目的有車階級。

另外就是分析租金回報率，如果回報率太低就反映買入價較貴，你可以參考同區車位的一般租金回報率是多少，然後比較想投資車位的租金回報率，以這方法去推算合理價值。

026 投資的士牌的前景

你好，可以介紹下投資的士牌的長遠前景嗎？
值得現時投資嗎？

的士牌是投資工具的一種，投資者可利用借貸，付首期購入的士牌，然後收取每月穩定的租金收入，原理與買樓收租一樣。

由於有穩定現金流，因此銀行願意做高成數按揭，加上管理不難、買賣成本低、限制少，所以都是一個不差的投資工具。如果不想自行管理，坊間亦有一些代為管理的士營運的公司，只要支付一些服務費就可以。

不過，近年出現的叫車程式，對的士牌都有一定的影響。以長遠來說，的士牌的價值增長有限，只是一個平穩及收息的工具，前景只是中等。

如果你追求增長力，的士牌就未必是最好的工具，如果你追求平穩收租，同時你本身有較多資金，將的士牌視為整個財富分配中其中一部分，就可以進行。

027 用直銷系統創富

你好龔成，想請問你對直銷系統的看法，有人說加入直銷系統能夠產生被動收入，你有甚麼看法呢？這是可靠嗎？感謝。

直銷是其中一個致富、創造被動收入的方法，因為當中有一套完整的系統，只要你憑系統去建立自己的生意，慢慢就可創造被動收入。

直銷原理是跳過中間代理人，直接以人的方法將產品銷售給消費者，由於減少了中間人、零售店等開支，產品能以較便宜的價格出售，同時將部分利潤分配給銷售人員，以佣金制的模式進行。

同時，一般直銷公司都會建立分拆模式的佣金制，鼓勵建立團隊，銷售人員可建立自己的下線，當下線的銷售人員賣出產品時，上線者都能得到部分額外佣金。如果該公司佣金制度完善，當你不斷建立自己的下線後，長遠能擁有一個很大的團隊，自然能產生巨大的被動收入。

不過，香港有不少不良公司，利用你想加入系統的意願，而建立了一套對新人或一般下線不利的制度，你只能在系統中取得很少利益，而當中的高層，才是系統真正的得益者。

因此，加入直銷公司是好是壞，其實很視乎該公司，當中你要注意幾點：

第一，你要仔細了解當中的系統。公司的制度如何、條款如何、能否產生共贏的效果、能否對你的發展真正有利，還是只是表面吸引，長遠很難發展，以及真正得益者是否只有高層。

第二，若果該公司在一開始，就要你支付一大筆錢，要求你買很多產品，你最好小心。試想像，如果系統真的吸引，產品很受歡迎，理應不會如此。一開始要你付錢是逼你行第一步，就算你之後發現系統不佳，亦會陷入進退兩難的局面。

第三，仔細分析公司的產品，這些產品是否有市場？是否真正受歡迎？售價是否真正吸引？是否有獨特性？是否你自己都覺得吸引？你是否都有實際需要？抑或是這些產品只不過是「為賣而賣」？

如果只是為賣而賣，你加入系統就只能強行將產品賣給一個不需要的人，長遠根本沒有發展。

028 應否投資加密貨幣？

龔成老師，我應否投資加密貨幣？

加密貨幣，有沒有真正的價值，如何定義真正的價值，合理價是多少，根本無真正的計算方法。

這些人為創造的貨幣，因為關注度由很少變得多，價格會大升，但背後是否有真正的支持，根本無從計算。只能說，投資這些貨幣，投機味很重，可能大賺，亦可能蝕到一文不值，因為，當中價值很難量度。

不過，這不代表一定無價值。

部分加密貨幣的長遠價值，取決於「有多少人用」，即是說，背後可能有「交易價值」，如果長遠很多人用，的確可能有高價值。

如果分析到該加密貨幣長遠的交易量大，大家都持續關注，就有價值，就值得投資。

另外，投資者可以從這些貨幣和其智能合約平台，長遠是否有功能上的價值去分析（部分可能有的，但就要仔細分析），這就會產生「功能價值」。

我並沒有支持或反對投資加密貨幣，只能說，加密貨幣風險高，可能大賺，可能大蝕，因此不建議大額投資。

如果有興趣，可以用以下的心態投資，首先，預期可能會大跌，心態上只用「閒錢」投資，就算不幸大跌都無影響，但要求回報一定是倍計，博加密貨幣有多倍計的升幅，絕不要升少少就賣。

另外，中國政府不斷對加密貨幣加強打壓，禁止相關交易活動，香港會否跟隨，還是未知之數，故你要明白會有這方面的風險。

> **任何物件，即使沒有真實價值，但可以有「交易價值」。**
>
> **只要長遠愈來愈多人使用該物件，其價值也會愈來愈高。**

029 借貸投資的風險

老師你好，本人手上大約有$200萬資金用作投資，我想動用三分之二資金，加上再向券商借低息資金，買入收息股，創造現金流，可行嗎？

這是較進取的方法，利用借貸投資是創富之道，即是當你投資收息股，收到的股息，大過你要支付的貸款利息時，就能產生「息差」，你的策略就基本成功。但當中有三大風險：「賺息蝕價」、「息差收窄」和「斬倉風險」。

第一，就算投資收息股，股價都會出現波動，如果股價向下，你就算有息差回報都無意思。因此，投資時要注意這點，同時盡量在便宜價才考慮用這策略，就能減少相關風險。

第二，如果利率上升，又或者收息股的派息減少，都會令你收到的差息收窄，回報會因而減少，因此當你進行這方法時，要考慮這可能性。

第三，借貸投資最大的風險是被斬倉（即是被強制平倉），如果股價忽然大幅波動，觸及斬倉點而被即時斬倉，就算之後股價回升都沒有用，因為你的貨已被強行賣出，同時出現了一定的虧損數目。

借貸投資股票，我不會說一定不能做，但就要視乎時機，這是一個有風險有回報的行為，你最重要明白當中的風險。這如同一張「最後的王牌」，但這張牌不是胡亂使用，一定要有「很明顯的機會」、「比平時更大的機會」，才會用這張牌的。

030 財富增值，買樓或租樓好？

龔Sir你好，我有些事情想不通。我今年28歲，有一筆現金，未有物業。

我想盡快買樓自住，但買樓後，我的本金會大幅縮水，財富便無法增值。

若果我租樓的話，錢用於投資股票，股票增值，財富是可以增值，但這樣卻多了一筆負現金流（每月租金支出）。我應該怎樣做才是對財富最好？

你要從整個財富情況去拆解。若你細心分析，無論你買樓，還是租屋，都會出現負現金流。買樓要付按息，租樓要付租金，所以要計算清楚。如果你有一筆資金，再加上每月的可投資金額，長遠的財富情況可以看看以下分析：

（1）買樓自住。假設你用盡現金，沒有其他工具去進行增值，你的財富就會集中在物業，因此往後的財富增值，就要視乎這物業的增長情況。

（2）租樓。每月會因租金支出，影響了每月可投資的金額，假設你每月沒有剩餘資金，即是同上述（1）的情況一樣，都假設你每月沒有資金進

行投資，你往後的財富增值，就要視乎你手上的資金怎樣運用。

簡單來說，如果要比較（1）及（2），若果兩個都同時假設你每月沒有資金進行投資，兩者的比較點就是原有資金投資物業增值還是投資其他工具增值。

（1）的情況就是持有物業，物業是你財富組合的核心，（2）的情況就是將你打算買樓的首期，投資其他工具去進行財富增值。

你可以分析，哪個工具對你長遠總財富最有利，以及你自己較強於哪一個工具。

首先要計算，哪一個工具的長遠增長較好，以及現時較有投資值博率。香港物業增長最高速的年代已過，往後將進入平穩增長年代，而長遠仍是正面。至於投資其他工具，假設投資股市，就要視乎你投資時的市況平貴。

另一個考慮因素，就是你自己的投資實力，以我自己來說，我投資股票的實力較物業強，我不少股票都能成為倍升股，更成功投資過10倍股，因此，我一直都將較多資金投資股票，利用股市先進行財富增值，之後先將資金投資物業，這樣對整體財富最有利，因此，我的財富組合之中，股票的比例比物業多。

相反，如果你自己投資股票的實力一般，而你長遠有自住需要，不如就先投資物業。

031 按揭成數的考慮

龔Sir，看完你的著作《5年買樓4部曲》後，有事想請教。

我現時持有的資金夠付兩成首期，但我正在思索應該借八成還是九成按揭，畢竟花掉兩成資金作首期的話，就會變得很緊絀。

我在想要不要借九成按揭，並將餘下資金作投資或者存於按揭高息戶口。謝謝。

如果你手上資金太緊，我建議用八成半或九成，寧願做較高成數的按揭，也不建議手上的現金太過低。因為手上完全無現金是危險的，在理財上不是好事，反而有基本現金作防守，是必要的。

如果手上零現金，當你面對一些危機，例如失業、身體出毛病要醫療開支，再加上你要供樓，這樣的情況就會十分不利。

相反，借多些按揭讓你手上有現金，防守力較佳。

但要留意，愈高成數的按揭，按揭保費就會愈高，所以你可在八成半或九成之間選擇，如果想留較多資金在手，就進行九成按揭，寧願給多些保費，每月可能供樓的金額多一點，為自己加強防守力。

餘下的資金就可存於按揭高息戶口（Mortgage Link），不要令自己處於零現金。

至於投資就不要太急。你完成買樓後，同時有一定的現金作好防守後，才再利用儲蓄慢慢進行，不要急。

032 加按投資利與弊

你好龔成，我想尋求你意見。本人多年前買入$300萬自住樓，因樓價升了不少，我是否應該加按物業，拿些現金來投資？

首先，現時做加按只做到6成，同時，加按物業有利有弊，你最好加強財務知識，明白當中原理、背後的風險、以及投資技巧等。

先講基本原理，加按會加大了負債，利息支出會增加，因此對你的風險提高了，你要明白這點。

如果能利用新資金創造回報，例如產生正息差，其實是創造被動收入的策略，但在執行上有不少要注意的事，同時要有一定的投資知識與技巧。

例如加按$100萬，如果要支付的按息為2%，而你將這$100萬投資收息股，收取6%股息回報，就能賺到4%的淨息差，每年賺$4萬。

你在選擇投資工具時，最好尋找本質穩健，要有正息差回報的工具。

始終這種借貸投資有一定的風險，因此不宜隨便運用，最好等有真正「機會」才用，就算是較穩定的收息工具，都有價格波動的風險，在不當的時機投資，就會有「賺息蝕價」的可能。

所以，你要小心分析，加按得來的資金，投資哪些工具？這些工具如果處於貴價水平，就不值得投資；如果處於合理水平，投資值博率為中等；如果處於便宜的水平，你這個加按投資的舉動，才算有較高值博率。

要記著，不要為借而借，而是有投資機會才借。

> **如果利用新資金創造回報，例如產生正息差，其實是創造被動收入的策略，但在執行上有不少要注意的事。**

033 有現金應否還清按揭？

龔老師，我和老公有層自住樓供了一段時間，最近計算過手上資金剛好足夠即時還清尾數。我們看一次過還清的計劃，不用再繳付利息給銀行好像有好處，是嗎？如果不還款，有沒有其他選擇？我們有考慮過買多一層三房，這樣好嗎？謝謝。

當有一筆現金決定還按揭，還是留作其他投資，可以比較一下「按揭利息」與「投資回報」。

舉個簡單的例子，如果你有$100萬現金，按揭利息假設為2%，你將$100萬現金還錢，每年就可節省2%的利息。但如果你不還錢，將錢投資收息股，得到6%，就算每年要付出2%息，都能夠賺取額外4%的淨息差回報。

不過，這個策略都有風險，因為收息股的股價都會有上落，有可能出現賺息蝕價的情況，另外，並非每個人都想投資，或想面對這些風險，因此，要視乎你自己的意願。

至於是否將資金再買多一層樓，我對這策略上有少少保留。

我們要進行的，是一個平衡的財富組合分配，物業、股票都要有平衡，太過側重一邊都不是好事，如果你本身已有物業，而你其他投資工具的配置不多，再買多一個物業，就會令物業佔你總財富的百份比過多，令你面對集中風險（除非你有更多其他資產）。

所以，如果你有基本投資知識，可以不還錢，將錢投資在收息股。但如果你無投資知識，將資金償還按揭都可以，但在理財策略上未必發揮得最好。

你亦可以考慮將資金存於按揭高息戶口，當中的現金可自動對沖欠款利息（但最多只可對沖一半），這樣，就算你不還錢，將現金存於這裡，同時把握這段時間學習及尋找投資機會，這都是一個方法。

"我們要進行的，是一個平衡的財富組合分配，物業、股票都要有平衡，太過側重一邊都不是好事。"

034 以資產追大價樓方法

龔老師。我現時在租樓，有現金$90萬，資金不足以購買自住單位，家有老婆、一對小學子女、一個工人。

請問現時應該買其他投資產品，例如：股票、基金、定期，還是買個小型單位，放租幫補，等日後樓價再升，換大單位呢？謝謝。

現時你已有基本的資金，你可以用以下三步去完成買樓自住這個目標。

第一，繼續儲錢以及開始投資，令你的財富增值，你現時有一定的現金，其實可以有效利用這些現金去增值。

但要留意，投資並不是炒炒賣賣，而是將資金，投資有質素、能平穩增長的股票中，同時加大儲蓄，令你的首期金額加大。

由於你沒有投資經驗，你只能投資一半以下的資金，同時要低風險進行，並在這段時間努力學知識。我會建議你投資「平穩增長股」+「收息股」，當然都要是優質股。

第二步，買入細單位收租，你在進行第一步時，同時觀察樓市，若出現

回落情況（不要預期回得多），同時你已儲了一定的資金，就可以買樓，你可以先買細價樓收租。

太多人以「人工追資產」，但正確的方法是「資產追資產」，買優質股以及下一步買細單位，目的都是幫你追大單位。

不過要留意，如果你最終的心頭好物業，金額不是太大，其實不一定要進行上述的第二步，可以直接跳去第三步。相反，若果你心頭好物業金額較大，就應該進行第二步，先投資細價樓，再用細價樓去追大價樓。

當你不斷儲錢，提升首期預算，你就較易進行第三步，即是將細單位換大單位過程。

上述方法要時間的，但一定比你一下子追大單位來得好。記住，你在這段時期，要保持學習投資知識，先可以把握到機會，以及有效進行上述過程。其實更具體的方法，你可以在《5年買樓4部曲》中學習得到。

035 收租樓無正現金流無價值？

龔Sir，我看了你的《大富翁致富藍圖》，其中第八章物業創富術並不是很理解。

你指出關鍵是租金回報率要高於息率，雖然你書中例子是正確，但我自己再計算過，發現又不一定是對的。假設我要買一個$400萬的物業，借90%，貸款金額就是$360萬，還款期30年，息率3%，得出的結果是每月要還$1.5萬。

假設租金回報率有4.5%，每月租到$1.5萬。結論，雖然租金回報率高於息率（4.5% > 3%），但沒有正現金流。這樣還值得投資嗎？

當中的關鍵位，就是還按揭的金額中，包含了兩大因素，第一是「償還本金」，第二是「支付利息」，如果你單位出租收$1.5萬，而每月還款中，假設本金$8,000，利息$7,000。

雖然每月沒有正現金流，但由於你有部分是償還本金，所以其實你有實質的得著的，只是「現金流」未出現。

你可以理解，每月你收到的租金回報$1.5萬，其中有$7,000是一個利息支出，將你的租金減去利息支出，就是你所得，你每月會因此而得到$8,000，這是你憑物業這個資產項而創造出來的。

只是你要將這個$8,000，去償還按揭本金。

這個$8,000與利息支出不同，對你財富有實質作用的。例如你最初欠銀行$360萬，當你每月償還$8,000按揭，一年就大約還了$10萬，你一年後欠銀行的按揭變成$350萬。

所以，你會見到這個例子，雖然每月並沒有正現金流，但自己的財富正在增加，因為價值隱藏在擁有物業的權益當中。

另一點就是加租。投資物業的初期，可能會出現無正現金流，甚至負現金流的情況（特別是高成數按揭），但當長遠慢慢加租，正現金流就會開始出現。

因此，要利用借貸創富，關鍵位就是「租金回報率高過按揭息率」，如果租金回報率高於按揭息率，借得愈多創富愈多，如果租金回報率低於按揭息率，借得愈多反而愈不利。

036 借按揭買樓收租不值得？

龔Sir想請問，如果我投資物業收租，假設樓價$500萬，我申請按揭，首期$100萬借$400萬，30年，2%。（先不要理會政府政策，我想釐清一些概念。）

我計算過，全期的利息合共要$130萬，很多！比我首期的$100萬還要多。

其實值不值得繳付這麼多利息，還是應盡快還錢？

我先從概念上解釋。

投資物業收租，大多會用按揭的，即是只用較少的資金，去擁有較大的資產，當然這動作會有支出的，就是「利息成本」。

你上述計算的$130萬，大過$100萬，其實沒有比較的價值，你比較的方向有錯誤。

$130萬是利息的支出，從金額上看似較大，但你比較時，不應與$100萬的首期去相比，而是與資產$500萬去相比，更不能只比較資產$500萬，更重要是考慮回報的問題。

在財富世界，並不是單以金額去衡量，而是以「是否為我們創造更多財富」去衡量。

只要最終你的所得大過$130萬的付出，就值得，這就是我經常強調，不要單看表面的價格、表面金額，要分析內在價值、實質回報。

如果物業長遠的價值，加上收取的租金，大過$630萬，整個投資策略已經成功。（當然在正式分析時，要考慮金錢和時間值，但這計算複雜，我先從大方向教你概念。）

你不要單看「$130萬」的銀碼很大，而是分析，這$130萬借貸的成本，能否為你帶來超過$130萬的回報，如果大過，就反映這筆錢值得借，你亦不用提早還錢，同時反映該物業有投資價值。

用再簡單的算式，就是你借錢的利率，比較一下回報率（租金回報率＋長遠樓價升幅），如果後者較大，你向銀行借錢去擁有這項資產，就值得。

037 年輕人應否投資債券基金？

你好，成老師，我今年30歲，我有一筆現金，想財富增值和有現金流，現在有些人談論債券、債券基金這種投資產品，好像現金流不錯。

以我的年齡，是否適合呢？聽聞收息可觀，有風險嗎？

當進行人生財富累積，應該以「先增值，後現金流」作策略，年輕時可集中財富增值，到年長時則追求穩定、現金流。你30歲仍是很年輕，不用心急進求現金流，目前先集中做好財富增值。

至於債券，其實只是「產品」，物業、優質股是「資產」，所以從財富本質的配置上，我們應集中持有「資產」，才對長遠財富最有利（你可以閱讀《財務自由行》一書，我從財富本質上，講述了當中原理）。我相信對你來說，債券、債券基金，未必是最好的財富增值工具。

另外，債券基金有利有弊，這產品可能適合某些投資者，但有時銀行對債券基金的評價很高，投資者忽視了風險，我對這方面有點顧慮的。我認為債券基金的風險程度中等，雖然不是高風險的產品，但重點是，這絕對不是保本穩健的產品，債券基金有四大風險不能忽視：

第一，債券基金會投資「高收益債券」，即是「垃圾債券」，這些是低評級的債券，有可能無法收回本金，引致基金出現虧損。債券基金或多或少都持有這些垃圾債券，你可從基金說明中，了解這部分的比例，從而明白潛在風險。

第二，不少債券基金不是單純地持有債券，而是買賣債券。較低風險的基金，只會持有債券收息，到期收本，原則上很穩妥，但現時不少債券基金，並不是以「持有」作策略，而是以「買賣」作策略，買賣就會有賺蝕，從而影響基金表現。

第三，部分債券基金，會利用衍生工具作對沖等策略，從而減少基金成本，以及放大回報，市況好景時當然無問題，但當逆轉或有危機出現時，投資者就要承受損失。

第四，有些銀行會提供借貸給投資者，以槓桿放大回報，以低息借貸去賺取息差。但如果日後進入加息週期，不止借貸成本增加，同時債券價格在加息期間，一般都會下跌，在雙重打擊下，會造成潛在的風險。

> **債券只是「產品」，物業、優質股是「資產」，我們應集中持有「資產」，才對長遠財富最有利。**

038 如何選擇保險？

龔老師，請問你對買保險有甚麼意見？保險產品這麼多種類，有人壽、危疾等等，我應該如何選擇？你認為應該買甚麼產品好？謝謝！

其實保險是十分個人化的項目，你按自己需要去買即可，保險的原理，就是將你某些不想承受的風險，轉嫁給保險公司。

例如人壽保險的原理，是當一個人不幸過世，其家人會因此而失去經濟支柱，若果想將「失去經濟支柱」這部分的風險轉比保險公司，就要買人壽保險。當家庭失去經濟支柱時，保險公司的賠償就會起作用。

危疾保險的原理都是類似，例如患上某些危疾時，就要支付大額的醫療開支。如果有買保險，保險公司就會代為支付，減少了忽然面對大額支出的風險，在理財角度就能更有預算。當然，為了將這些風險轉嫁給保險公司，投保人就要支付代價，即是保費。

在理財中，我們應該做到攻守兼備，保險是防守性產品，有購買的需要。我自己也有買，但買哪些類別，金額多少，就真的很個人化，要視乎你願意承受哪些風險，又有哪些風險想轉嫁給保險公司。

另外，由於保險只是一個防守性產品，因此不用買得過多，「足夠」便可。因為做好防守後，就應該將資金，留作進攻之用，這樣對整個財富最為有利。

> **保險是一個防守性產品，「足夠」便可。其他資金留作進攻之用，對整個財富最為有利。**

039 基金回報差怎樣處理？

老師，我以前買了一項基金，但回報一般，最近我終於可以賣出。如果賣出取回本金後，轉買你建議的股票，10年後的成效會否更顯著？

但若我只集中股票投資，又會否有危機？投資股票經驗不多，請指教！

龔成老師

基金有很多種的，因此，很難一次過說明基金是好是壞，有些基金的回報可以跑贏市場，但同時有些都可以遠差過市場。

你最重要考慮該基金，本身的投資策略，投資哪些市場或產品，當中的質素如何。最簡單的方法，就是將該基金過往5-10年的回報，比較主要投資市場的回報，了解其能否跑贏市場表現。

另一方面，你要分析「之後的組合情況」，不是過去，是將來。哪些項目應該持有，比例如何，能為你帶來怎樣的長期財富。

如果基金長期回報不佳，而此刻在條款上賣出沒有罰款，那你可以選擇賣出，而得到的資金該投資在哪些項目，那是之後的配置問題。

如果你投資實力不強，對股票認識不多，就不要強行投資股票，或只將小部分資金投資收息股便好了。另外，你可選擇另一隻質素較好，以及風險不高的基金，又或選擇銀行的投資產品，只要風險不高都可考慮，當然詳情你要問清楚銀行職員。

040 退休後建立平衡組合

你好龔先生，我60歲剛退休，退休金$500萬，有一自住物業，有一車位收租$2,300，財富管理上應如何安排呢？謝謝！

由於已有物業及車位，因此暫時不建議再投資這類項目，而會選擇投資其他項目，這樣會令整個財富組合更加平衡。

你可以考慮將這$500萬，分成以下5部分：

第一部分：投資收息股，你可以建立一個收息股的組合，目標是5%、6%的股息率的收息股，例如：港燈（2638）、深高速（0548）、香港電訊（6823）、工行（1398）、恒生（0011）、置富（0778）、陽光（0435）、高息基金（3110）都可以。

另外，有些有6%以上，甚至8%的高息股，但股價就略有風險，你可以小注考慮，例如中國飛機租賃（1848）、佐丹奴國際（0709）、中石化（0386）、互太紡織（1382）等（留意，股價略波動，不能太過大注）。你可閱讀《50穩健收息股》，當中仍有很多選

擇。你平衡地投資這些股票，除了可以得到穩健的股息收入外，同時可有效的分散風險。

第二部分：投資債券，你可以選擇A評級的債券，年期較長都可以，但利息不高。不過以你退休為前提，應該以風險為優先考慮。

第三部分：購買年金，你可以到銀行或保險公司了解一下，這是適合你的產品，零風險，可以有穩定的現金流。

第四部分：你亦可投資銀行低風險類別的產品，你可自行到銀行查詢一下，最重要是「低風險，持續現金流」。

第五部分：持有現金，除了可做定期外，現金亦可以為你的後盾，以備不時之需。同時，若投資市場大跌，你可以在這時買到更多收息股，股息率會進一步上升。

你可以將$500萬資金，平衡地分配在上述的項目上，對你來說是很好的平衡配置方法，亦同時有穩定的現金流收入。

041 年金在理財中的作用

龔先生，請問你對年金這產品有甚麼看法？

龔成老師

年金是一個防守性的產品，對退休人士來說，是一個不錯的選擇，可視為財富分配中的其中一部分。

年金雖然增長力欠奉，但卻是獲取穩定現金流的工具。方法就是先支付一筆現金，而保險公司就會每月「連本帶利」付錢，為你提供每月穩定的生活費，令生活更有預算，並一直收取至百年歸老為止。

雖然我們都可將一筆錢，自行每月連本帶息提取，以支付生活費，但我們卻不知自己何時百年歸老，究竟每月提取多少才合理呢？

若果每月只提取很少，生活質素不佳但去世時又可能剩下很多錢；反之，若每月提取過多資金，可能會出現很快便將錢花光，但仍有一段人生路的情況。

因此，購買年金就能令自己每月取得合理的現金，令生活更有預算。但要留意，年金由於會「消耗」本金，對於想將財富留給後人的人士，未必是最好的工具，因為有可能沒有剩餘價值留給後人。相反，如果本身無後人或不打算將錢留給後人，年金是適合的理財產品。

年金可作為退休者整個財富的一部分，加上其他工具，成為一個組合。

03 投資技巧

042 投資基本問題

龔成兄你好，有些問題想請教你：

1. **大跌市甚至金融海嘯時，是否套現拿回現金比較穩陣？**
2. **對於香港樓長期向上有甚麼看法？這樣的升勢，我怕投資收入無論如何都沒法追得上樓價。**
3. **我想向銀行借10萬至20萬投資，當作將未來一兩年的儲蓄提前拿出來用。如果日後股市大跌，怕會更難借錢。如果我現在先借貸等機會入市，你有何見解？**

1）剛好相反，當股市大跌、金融危機時，我們應該買貨，盡力掃貨！

雖然中短期股價仍有可能再跌，但以長遠的企業價值來說，這些時期往往是最便宜的，因為股市處恐慌期，一般散戶擔心股市再跌，擔心經濟差，於是不問價賣出股票，就算優質股也是如此。但如果投資者以長期角度分析，這些危機總會過去的，而此刻估值便宜，只要長線投資，那就是最好的時機。

2）因為香港樓長期供應不足，而住的需求大，所以香港樓出現了長期向上格局。當樓價跌多少少，例如一、兩成時，潛在的需求就會走出來，所以，香港樓難以大幅下跌。

另外，你不應該以人工去追資產，因為人工與資產是不同的運作模式，你應該用「資產追資產」，具體的方法可看《5年買樓4部曲》。

3）你這樣會浪費了資金成本，因為你要支付利息，同時處於「為借而借」的狀態。加上你借了一筆現金，如果閒置了一段時期，而股市又無大跌，很多人都會忍不住而入市，到真正股市大跌時就已經沒有資金了，因此，不如等真正大跌市才考慮借。

投資者應該見到「有明顯機會」時，才會動用最後的王牌（借貸去投資）。

借貸投資在正常市況下是不會動用的，你不用心急這刻借，反而要到有機會先借都不算遲。

同時，如果你的投資知識實力不強，就應加強知識後才做借貸投資，因為「借」本身是有危有機的行為，前提是你要有一定的投資知識。

043 投資新手的問題

你好，我今年大學一年級，考完文憑試後就不斷兼職儲錢，現已有$10萬現金可投資，看了很多投資書但仍有很多不明白想請教一下：

1. **如股災低位買入，經濟循環高位賣出，不斷重覆。對比起長期持有，何者的回報更高？**
2. **如何評估股價是平是貴？若只靠市盈率會否不全面？**
3. **我亦是信奉價值投資的，但我想問，如不賣股票，如何有錢？**
4. **老師你會在甚麼情況下賣股票？**

謝謝！

1）利用股市及經濟週期，去進行買賣，這樣做會比單純的長線投資，有更高的回報。

不過，知易行難，如果你在「以為高位」賣出，但股市卻一直升，你就會損失機會成本。很多人以為自己能「不斷低買高賣」，但絕大部分人都做不到。

2）市盈率只是估值中，其中一個指標，不是唯一的指標。投資者在進行估值時，方法有很多，例如現金流折現法、市盈率、市賬率等，投資者要對企業的業務價值及資產價值進行估值，得出企業價值，如果現時股價明顯比價值低，就是便宜，反之就是貴。

3）你有「賺錢」的思維，反映你與98%的散戶想法一樣。

你追求實在的現金，認為要賣出賺到現金，才是賺錢，但我們最重要是追求「財富最大化」。

當一隻股票上升，例如你買入價$10，現價$15，賣出可以賺$5。但當你套現$15後，你怎樣將這個「$15」再次增值，令你的財富增長，比留在原有股票，得到更大的回報嗎？如果原有股票是優質股，即是持有優質企業，當你一直持有這股，企業長期價值向上，就會帶動我們的財富有最大增長。

簡單來說，我們從「財富長遠最大化」的角度去想。可能你會問，一直不賣，那麼永遠無法取出財富。我們累積財富，會用「先增值，後現金流」作策略，前者著重增值，之後就會改變策略，將已增值了的資產，轉為現金流類別，而我們就是不斷享受資產產生的現金流。

4）股價過熱、該股已貴、該股已經不再是優質股、該股到達了收成期，都是令我可能賣出股票的因素。

我不是因為「賺錢」而賣出，而是從總財富長遠增值的角度，賣出並暫時持有現金，尋找下一個增值更好的資產，因此，若原有資產優質並一直增值，那為甚麼要放棄增值資產，賣出變成貶值的現金呢？

044 新手想盡快投資的方法

龔Sir，我未接觸過任何股票或者基金，完全不知道如何買賣股票，想盡快開始財富增值，最好這刻開始投資（或用一些新手都做到的方法），還有交易是否用銀行證券賬戶就可以？

我建議你做三件事：第一，增加知識，你要學理財及投資的知識。謹記，投資並不是坊間的炒炒賣賣，你要從書本或課堂上認真學習。

第二，了解銀行及證券行，去開一個證券戶口，並準備做月供股票。其實兩者都可以，銀行就較方便，但手續費就較貴；證券行收費就較平。你可以先了解下不同的收費。

第三，將每月的部分資金，去做月供股票，如果你未有選股能力，但又想盡快開始累積財富，就供ETF，追蹤香港恒生指數的盈富基金（2800）、追蹤美國標普500的基金（VOO）都可以。

以盈富基金來說，這是一個「平衡組合的工具」，當中成份股都不差，對股票組合有平衡作用。盈富雖然不是高增長的項目，但對新手或不懂選股的投資者來說，算是一個「穩中求勝」的工具。

同時對初階投資者來說，月供股票是一個很好的累積財富方法，因為可避免你一次過在高位買入的風險。原理如同儲錢，不過就不是儲現金，而是儲股票，計劃要長期進行。

當你在做上述三件事的同時，提高更多股票知識，了解一下哪些股票適合自己，之後再慢慢動用資金，投資其他股票。

如果你未有選股能力，不妨先開始月供各類指數ETF。

045 捕捉股票的買賣時機

成老師，我正分析盈富基金（2800）的週期性，利用差價賺取利潤，分析如下：

低位
2009年$6
2012年$12
2016年$18
2020年$21

估算下一次：$24

高位
2011年$18
2015年$26
2018年$33

每次高低位經歷數年，約有$12-$15差額。假如有$30萬，全買盈富，在$24買入，等待下一次高位$36賣出，可賺取$15萬，當然本金愈多，所賺愈多，這是穩中求勝。你認為是否可行？

我相信你上述的數據是利用股價圖找到的，股價圖因派息而經過調整，所以當年實際價格會比你見到的高，例如盈富（2800）在2009年，最低股價其實是$11。一般的財經網站，都會調整股息因素，每一次除淨都會將股

價圖調整，如果你想找較真實的數據，其實可以參考恒生指數，因一般財經網站不會對恒指圖作調整的。

股市一定有週期，這是由於股市與經濟有關，而經濟一定有好有壞。因此，週期是存在，如果投資者能在當中做買賣，捉一個大週期，的確有理想的回報。

就算在我的股票班，都會教「買賣時機」的技巧，會教學員捕捉一些較大型的週期，但所運用的方法，不是預期大市會怎樣發展，並不是如上述程式化般進行。

你用的方法，坊間都有人用，但準確度不高，因為你背後推算的原理，是以過去週期去推算將來週期，表面看似能推算到，但每一次的股市、經濟情況、因素，都不會相同，因此並不準確。

我在課堂都會教捕捉買賣時機方法，主要有兩個方法配合使用，第一，分析大市的冷熱狀態，第二，計算企業價值。

分析大市冷熱，正是捕捉整個股市週期的其中一種方法，但要留意，並不是預測，與你上述的方法並不同，而是純粹分析當刻的股市狀況，目的就是分析大市是否處恐慌期，或是狂熱期，並以「別人貪婪我恐懼，別人恐懼我貪婪」的模式進行投資。

簡單來說，就算優質股，當大市處恐慌期都會出現明顯下跌，這就是難得的買入時機，股價往往處便宜區，買入後長線持有。

雖然短期股價可能會再下跌，但由於是優質股，因此不用擔心，加上是長線投資不用理會。耐心等大市好轉及企業成長，過一段時間後，如果日後股市處狂熱期，股價大升並遠超企業價值，就可以將股票賣出。不過，如果是很優質的股票，就不建議將股票盡賣，最好留有部分貨，長線持有。

046 溝貨拉低買入價？

老師，我想請教一下，我有一隻股票，在高位買了很多，現價跌了一半，現時有虧損，我是否要加注，拉低平均買入價，令我更有機會平手離場嗎？

你的概念錯誤！

你加注等於投入新資金，若一隻股票你已持有一定數目，加注只會令你的風險度提高。投資者決定加注與否，要視乎以下的5個因素，記著，絕不是「拉低平均買入價」為目的。

第一，要分析這股的質素，如果無質素，股價再跌都不會加注。因此，只有優質股才會考慮加注，以及該股的優質度無變才會考慮加注。

第二，這股的類別，如潛力或增長或收息類等，是否與你的財富組合匹配，比例是否適合。如果你本身的投資目標或風險度不適合持有某一類股，當然不會加注。

第三，你要計算加注後，這股佔你股票組合的比例會否太多，因為同一行業，同一股票，不能佔股票組合的比例太多。一般來說，持有單一股票的上限為15%，如果這股本身已持有近15%的比例，就不要加注。

第四，現價是否有投資值博率，要在便宜區，或合理區，先會值得加注，如果一隻股由$100跌到現價$50，但$50仍是一個貴的價位，就當然不會加注。

第五，你要在加注後，仍有現金剩。你要視乎自己現時現金的比例，去決定是否加注，以及加注金額多少。

記著，重點不是「拉低平均價」，而是組合比例與配置。

> **同一行業，同一股票，不能佔股票組合的比例太多。**

047 月供與分注投資的策略

你好，我有兩個問題想請教：

第一，甚麼是月供股票？

第二，可否用自行分注投資策略，去代替月供？

1）簡單來說，月供股票就是你每月將現金，持續每月儲股票。坊間不少銀行都有提供月供股票服務，你先開證券戶口，然後登記做月供股票。形式就是每月投入相同的金額，買入同一隻或多隻股票，並持續進行。

例如：每月以相同金額$10,000買入某股票，假設第一個月股價為$25，就能買入400股；第二個月升至$35，就能買入286股；第三個月跌回$30，就能買入333股。

總結這三個月，投入了的資金為$30,000，累積股票為1,019股，平均買入價為$29.4。

由於月供股票每月投入的金額相同，因此當股價上升時，買入的股數自然減少，而當股價下跌時，就自然會買入較多股數，如同自行調節一樣。

要注意的是，由於每月持續投入資金，因此一定要選優質股，如果不懂選股，就投資一些指數基金。另外，月供策略要長線，以「儲股票」的模式進行，最少持續供3年以上。

2）其實兩者是相似的模式，月供的好處是「每月固定金額」減少個人主觀分析，如同一個「程式化」的計劃，不理高低，都長期供一個相同的金額。

而自行分注投資，則是預先設定好一個投資策略，例如打算用$10萬投資某股，但不會一次過動用$10萬，以分注投資的模式進行。

例如分開3注，每注$3.3萬，現價先買入一注，然後股價跌10%再入一注，再跌10%買入一注。

又或用另一種分注模式，同樣分3注，現價買入一注，然後隔3個月再買入一注，再隔3個月買入一注，以達到平均買入價的效果，減少一次過在高位買入的風險。

若果投資者不想做月供股票，但又不想一次過買入，其實每隔一段時間買入一注，都是一個可行的方法。

048_分注買入與溝貨大不同

老師，我和朋友在討論溝貨這個問題。

若買入的是優質股，股價下跌，便運用你所講的金字塔投資方法買入，這樣算犯了溝貨的錯誤嗎？但你不是提及過不應溝貨嗎？

當中的關鍵位，是「設定的金額」、「投資計劃」。

如果你打算用$10萬投資某股，今天入了$10萬，股價跌了又入$10萬，再跌又再入，這就是溝貨。簡單來說，就是原本只打算投資$10萬，到最後投資了$20萬、$30萬，甚至更大的金額，令風險提高。

同時，一般散戶溝貨的目的，是拉低平均買入價，希望股價反彈較小百份比都能回到買入價位，令他們不用虧損，但這種「著重買入價、賺蝕數」的心態是錯誤的。若然該企業無質素，散戶不斷溝貨，就是投入更多新資金於劣質企業，令長遠財富進一步貶值。

例如投資者打算用$10萬買入某優質股，現時用金字塔投資法進行，這股現價為$100，他計算出$100是合理區頂部的價位。

「金字塔投資法」，是分注投資策略的一種。
而所有分注策略與溝貨最大的分別，就是「預設的金額」。

因此，投資者設定好投資計劃：

$100買入100股（$10,000）

$90買入222股（$20,000）

$80買入375股（$30,000）

$70買入571股（$40,000）

總投資金額為$10萬，如果用盡$10萬就不會再加注。同時，當股價由$100下跌至$70時，他會不斷檢視企業，了解股價下跌是由於「中短期不利因素、市場情緒波動」，還是「企業質素有核心性轉差」，如果是後者，就不會再加注，甚至會賣出股票。

這就是「溝貨」與「分注投資」的分別，當中最重要的分別是設定的金額上限，以及有沒有投資計劃，優質股雖然下跌更值得買入，但我們都要做好風險管理，不能盲目投資。

對於一般散戶，他們溝貨並不是預設計劃的一部分，而是股價下跌了，為了想拉低平均買入價，而加大入貨金額，這當然是不理性的投資行為。

049 應否高價加注的概念

老師，如果我之前以$10買入一隻優質股，而現時升到$20，如果$20仍是合理價，應否加注？

如果加注會拉高我平均買入價，那是否不應加注？

你思維方向錯誤，不要被「過往平均買入價」限制了自己的思維與投資策略，你最重要分析的是：現時我手上有一筆資金，怎樣運用會對長遠財富有最大回報。

首先，該股票是優質股，這樣才值得我們持有，值得我們加注。以上述例子來說，如果你$10持有1,000股，現時$20，如果買入多1,000股，就會令到你平均價變為$15，但你不要被「過往買入價」的概念影響，如果這股有質素，現價$20又合理，其實都值得投資。你要思考，現時你持有$2萬，可以用$20買入1,000股去進行財富增值，還是將$2萬投資另一工具去增值，哪一個的效益較大。

如果該股長遠股價能上到$100，你現時$20加注，雖然令平均買入價拉高，但只要對整體財富有利，就值得做。你要分析：「將$2萬在現價

$20買入這股，是否值得，回報率如何」，而「拉高平均價」只是一個心理因素。

另一點要留意，加注與否，同時要考慮整個組合的配置、現金，持貨比例，如果該股你本身持貨已多，就不宜再加注，如果該行業你持貨已有一定比例，同樣不會加注，以減少集中風險。

另一考慮點是現金，如果你現金餘下不多，而你本身又有貨，就不要加注，應該多留現金。

050 賺差價為何是錯誤觀念？

你好，我的兒子報讀了你的班，他回來告訴我，散戶買股票升了賺錢便放，取回現金，這觀念是錯的，對嗎？我也是這樣的人，但不明白，因此想請教下。

有98%的人，都與你一樣的想法，因為大部分人都認為現金就是真財富，而股票只是一個暫時持有的項目（所以買入的股票是為了賣出）。

但真正的有錢人，則完全相反，他們明白甚麼才是真財富，當買入優質股後，明白長遠對財富最有利，因此會永遠持有，相反，現金並不是真財富，無累積的價值，同時不斷貶值，因此，現金只是暫時持有的項目。

你要完全改變「財富」的概念才會明白。這亦是我在股票班第一堂，要花時間解釋的原因。

你仍然停留在賺差價概念，你認為這樣最賺錢。但我過往做了10年銀行、證券行，見了大量散戶的炒賣模式，賺差價概念的客都是輸錢的，只要長線持有優質股的客才賺到錢，這是業界一個不能說的秘密。

當散戶在$10買入一隻股票，升到$11，就會賣出以「鎖定利潤」，他們認為賣出等股價跌才再買，是較好的策略。

但如果是有增長力的優質股，長遠股價向上，賣出後股價可以不跌，升到$20、$100也不足為奇，明明可以賺到10倍的利潤，但卻由於錯誤的投資思維，令自己只能賺取10%回報，錯過了賺大錢的機會。

這源於一般人認為「持有現金較安心，持有股票的目的是想賺得更多現金」這樣錯誤觀念。

其實投資者要思考一個問題：賣出股票後，怎樣將資金繼續增值，怎樣得到比原有股票更理想的回報。如果無法尋找更好的投資回報，不如將資金留在原有股票，反而是更好的選擇。

一般人錯誤觀念：持有現金較安心，持有股票的目的是想賺得更多現金。

有錢人的想法：明白長遠持有優質股才是對財富最有利，現金不是真財富，而且會不斷貶值。

051 點解跌市更開心

老師，我曾聽你說，價值投資者很喜歡跌市，為甚麼？跌市不是會造成虧蝕嗎？

真正懂得投資的人，明白「買股票是買企業」，著重「企業價值」。

一般的散戶，著重「這刻的股價」，但這是錯誤的，如果你明白企業價值的概念，當見到股價下跌而企業質素無變時（無論自己有無貨），反而應該開心。一般散戶見到股價下跌不開心只是心理問題，並不是投資問題。

其實要克服心理因素，就要有「將來財富」的概念，我投資股票超過20年，久不久都會遇到一些大跌市，當刻我都會持有一定數量的股票，當刻都會因為大跌市令身家縮水，如果我集中在「這刻的股價」、「這刻的身家」，我可能會不開心，甚至因情緒化而做錯投資決定。

不過，我每次面對大跌市，所著重的是「入貨的機會」，我不會理會原有持貨短期的賬面虧損，而著重將來的財富價值。因此，每次大跌市我就集中「入貨機會」，大手掃入優質股，通常過一年後，身家都會大增。

當我經歷過數次這類大跌市後，就更加明白，如果我想之後的身家大升，就要這刻的身家縮水，這刻股價跌得愈多，之後的身家就會升得愈多！

簡單來講，在大跌市，我不理會「短期賬面虧損」，只著重「這刻的入貨機會」，同時心裡想著，如果可以給我用更便宜的價格入貨就好了（就算我已經持有這股並賬面上虧損），因此，當刻反而希望股價跌更多！

052 投資者應期待股災

成哥，有個問題思考了很久，很想問你，知道你是價值投資者，會長期持有股票，但如果這樣做法，股災時就無法抽身，手上股票也成「蟹貨」。請問應該如何抵擋股災的來臨呢？

期待你回覆，謝謝！

首先，真正明白財富概念的人，以「資產」為財富單位，而一般人以「現金」為財富單位（《財務自由行》有詳細講述）。你明白了，會對投資概念有完全不同的看法。

你表示「股災時就無法抽身了」、「手上股票也成蟹貨」，這是一般人的思維，即是以現金作為單位的思維。但有錢人並不是這樣想，有錢人已明白優質股是真財富，不會急於賣出，不會因為短期無法賣出而擔心，他們明白持有的是「企業」。

股災，就是企業質素無變，但如果企業價值無下跌，投資者根本不用擔心。

例如一間企業的每股價值為$100，而股價就會不斷跳動，當股價處合理價，股價約$100，若果出現股災，股價跌至$50，只要企業的優質無變，企業價值不變，股價長遠仍會慢慢回歸合理價$100。對一個長線投資者來說，當刻股價跌到$50對其根本無影響。

一般人著重「現金」、「買入價」、「賺蝕數」，有錢人則著重「企業」、「長遠財富成長」。

記著，股價只是一個二手市場的股票成交價，只要企業質素無變，就不需擔心股價下跌。

可能你表示：「如果股災來臨時，將股票先行賣出，到之後更低時買入，才是更好策略」。

我相信很多散戶都會這樣想，但有多少人真正做到？反而我見得更多，就是他們在低位賣出股票後，股價愈升愈有。

一般人經常預測股價走勢，預測大市將會大升或大跌，但根本無法做到。反而投資大師如巴菲特的做法，卻是「不預測股價走勢」，只買入優質企業，長線持有。

我們買入股票，就是買入企業並等企業成長，而中短期的股價走勢，並不是分析的核心，最重要是「企業」。當出現股災，我們反而應該興奮，因為這是盡力買入優質股的時機。

因此，我們從來不怕股災，而是期待股災！

053 戰勝股災恐懼

成哥，可否分享一下，你當年有沒有恐懼，及如何戰勝它？你說過2008年大跌市，2016年股災，當時都令你當時身家大縮水，但之後反而身家大增，是如何做到的？

你看著自己股票價格不斷下跌，可以如何克服？當時害不害怕？為甚麼可以把握到機會令你之後身家大增？

經驗是其中一個重要元素，過往20年，我經歷了多次大市大上大落，身家大跌又大升，就會學懂教訓，以平常心面對股市上落。股價大升時我不會特別興奮，股價大跌也不會有擔心。

你要記著，成功投資者都是十分理性的，不會情緒化投資，不會被自己的持貨，賺蝕數影響，投資決策以最理性的模式進行。

當股災發生，大市處恐慌期，持股的股價雖然會跌，身家看似減少，但在長期來說，這是難得的機會，所以要從長遠角度分析。

買股票就是買企業，只要企業有質素，完全不需要理中短期的股價，如果一間企業值$100，股災令這股的股價由原來的$100跌至只有$30，

你持有這股當刻身家當然大縮水，但如果企業價值仍是$100，這刻是一個極好的買入機會，你應該期望股價跌更多！

所以，當每次股災發生，我都希望大市跌更多（就算我已經持貨），我希望能以更便宜的價買入優質股，如果這刻跌更多，過1、2年後我的身家將會增加更多！

其實當中的關鍵，就是平常心對待這刻的股價，並著重長遠的企業價值。

理性、長遠的實質價值，是最關鍵的因素，其實買樓都是一樣，香港人經常說如果2003年能在低位買到樓就好了。

但試想想，若果在2001年買樓，樓價會跌到2003年，心理壓力很大，但現時回頭看則賺到幾倍。在最差的經濟與投資市況，就是長期入貨機會，但我們不會知道何時才是最低，因此買入後就算短期下跌，也要平常心面對，以長期價值作分析點。

054 未賣出就不會蝕？

龔成老師你好！在你著作中有提及投資大忌「一日未沽還未算蝕」，可否解釋多一點？

「一日未沽還未算蝕」是投資大忌，當散戶買入不佳的股票後，股價下跌，永遠不肯賣出，要等股價上升至買入價才願意放，認為賣出就是認輸，只要不賣就不輸，這是十分錯誤的心理！

當我們進行財富分配，重點是持有優質股，持有時間愈長財富增長愈高，若然是劣質股，價值只會不斷貶值，持有時間愈長對財富愈不利。

簡單來說，劣質股的股價長期下跌，如果投資者買入而又不肯止蝕，等股價返回買入價，只會永遠等待，同時股價只會不斷下跌，令財富進一步貶值。正確做法是盡早賣出劣質股。

舉例說，投資者在$10買入劣質股，這股下跌到$7，如果現時止蝕，就會蝕$3，因此很多散戶都不想做這動作，但如果這企業的價值持續向下，股價再下跌至$5、$2、$1都只是早晚會發生的事，因此，止蝕這動作不是認輸，而是「保留實力」，是一個理性的投資決定。

若果該投資者在$7止蝕，再將餘下資金轉投資另一有增長力的優質股，之後就能收服失地，對總財富有最大的增值作用。

我們持有一隻股票與否，重點是「質素」，而不是「買入價」，因為買入價只是一個心理因素。

055 股市低迷全力掃貨？

成哥，我想請問，在大市低迷的時候，可以全力掃入優質股嗎？我和我母親意見不合，她說就算是低迷的時候也要持有20%現金。

你要明白，人生階段不同，風險承受能力不同，資金分配、所投資的股票都不同。

若你有上過我堂，我講述自己的投資，與我幫父母分配的投資，是大不同的。

你幫母親進行分配時，就要考慮她的投資目標，風險承受能力，以及心理因素，就算你最後創造出較高的回報，但她在當中面對很大的心理壓力，你都是處理得不好。

你是年輕人，面對大市處低位，股市處恐慌期，的確可以100%投資優質股，因為可承受風險較高，同時有時間防守，再加上我們人生累積財富的模式為「先增值，後現金流」，所以，你當刻把握機會，盡力買入股票令財富增值，是可以的。

但若然是你母親，情況就不同，她的防守力較低，所以就算股市大跌，股價十分便宜，也不能盡入股票，要留有一定的現金，例如20%-50%（視乎個人財政及心理因素而定），同時，所買入的股票類別不同。

另外，財富分配沒有絕對的對錯，每個人不同，不要強行改變別人想法。

056 賣出優質股的5大因素

成哥，你好，我想問甚麼時候是賣出股票的時機？我明白投資應該長線的，但應該不會永遠持有吧？

決定何時賣出有以下五大因素。

第一，企業質素，我們只會投資優質股，因此，當你發現手上持股並不是優質股，就要賣出。

同時，由於一間企業的質素會改變，所以投資者久不久要檢視企業（每隔半年分析財務數據，又或有較大的市場環境改變就要檢視）。當一間企業由優質企業，轉變成無質素的企業，就要賣出。

第二，大市進入了全面狂熱期，當市場過度樂觀、過度狂熱，股價就會跟大市而上升，往往會出現非理性，缺乏實質支持的上升，這時就是「別人貪婪時我恐懼」的時候，因此可以考慮賣出股票。但要留意，很有質素的企業就不要全部賣出，要有基本的持股。

第三，評估企業價值與現時股價的偏離程度。

股價在較多時間，都會處於合理時期，但有時會處於股價低於企業價值（便宜），有時會處於股價高於企業價值（貴），當股價遠超企業價值，就有可能作出「賣出股票」的動作。

短期股價只因市場情緒、買賣供求、資金流向而波動，而長期的股價就會回歸企業價值。如果這刻貴，投資者先行賣出，之後等股價修正到合理價再買回，就可以有較大的回報。

但這個策略都有風險，有些高增長的企業，企業價值不斷向上，就算這刻貴，但只要企業價值向上，慢慢都會變成合理，若果賣出股票而這段時間股價上升，就有機會無法買回。因此，當投資者見到優質股股價貴，都不建議盡賣股票，特別是有增長力的優質股。

第四，再投資的回報率。

有些股票，雖然處於貴價的水平，但賣出後，可能無法買回，所以當投資者賣出優質股後，要假設有機會永遠無法買回。

而投資者就要衡量，賣出後將資金再投資，是否會獲得比原有投資有更好的回報。如果投資者預期賣出後，資金無法找到一個比原有股票回報率高的機會，不如將資金留在原有股票，不用賣出。

相反，若果投資者找到另一個更好回報的股票，就有機會將現時持股賣出，將資金轉到另一股票上，令財富有更好的增長。但投資者要留意，這動作建基於長期的分析，同時回報要明顯吸引，才會這樣做，絕不會經常轉來轉去。

第五，投資的收成期。

投資股票就是投資企業，當投資潛力股，就是將資金投資去一間潛力企業，然後慢慢等企業成長，投資者就是享受多年後企業成長帶來價值增長的回報。

當一間最初中小型的潛力企業，慢慢變成強大、成熟，又或最初由剛開發產品，到後來產品已變成全面普及，同時企業價值大增，股價已上升了倍計，投資者就可以考慮將企業賣出，將資金轉投資另一隻潛力股。

057 一注獨贏是錯誤策略

你好，希望你能救我，我之前在高位買入吉利汽車（0175）。我把財產的九成全買入吉利，現時賬面虧損了$80萬，現金餘下也不多，現在很後悔，不知如何是好！我應否止蝕，轉而投資另一隻股票？謝謝你。

首先，你九成資金集中在單一股票，這是錯誤的行為！任何股票就算優質股，佔組合比例都不能太過多，否則會出現集中風險！

我們投資，不是賭一隻股票會否大升，而是建立一個平衡組合，在可承受風險的情況下爭取合理回報。

同時你要記著，你最重要不是看「賺蝕」，不是看「買入價」，而是看質素。質素不好，增長力弱，就要賣出，虧損都要賣。當然，吉利（0175）有質素的，因此這方向不用太擔心。

有一個重要概念你要清楚，你要分析「之後的組合情況」，不是過去虧損多少，是將來賺多少，應該持有哪些優質股，比例如何，能為你帶來怎樣的長期財富。

你集中單一股、加上貴價買，當然是錯，但吉利本身有質素，這股長遠有發展，因此有得守，但集中風險的問題，就要處理。

從理性的財富分配上，現價賣出吉利，轉投資其他股，會令你的組合更為平衡，減少你的風險，這是最理性的方法。由於單一股票佔我們投資組合的上限只建議15%，因此，你要以這個百份比為參考，就算你表示自己能承受高風險、集中風險，也建議你將持股減少至30%以下。

因此，建議你這刻先減持部分，餘下希望吉利反彈時慢慢減持，目標是30%，最好在15%以下。並將資金投資其他優質股，建立一個平衡的組合。

注意，你的著眼點不是「過往股價令你蝕多少錢」，而是「將來的組合是否平衡及財富長遠最大化」。

04 股票知識

058_選股基本概念

龔老師，我是投資新手，你可不可以簡單回答以下問題：

1）如何去釐定一隻股是否價格過高？
2）在芸芸股票下，如何去開始選擇優質股？
3）有甚麼平台，可以了解更多有關企業資訊及前景？

1）首先你要明白，「價格」與「價值」是不同的兩回事，價格是每天波動的股價，這只是一個成交價，而價值則是企業的價值。當股價比價值高時，就是貴，當股價低過價值時，就是便宜。

2）選股時，會以企業的業務本質、行業結構、產品、財務數據去考慮。

買股票就是買企業，因此。我們要從企業的角度去分析，尋找一些有優勢，長遠有發展，賺錢能力較高，財務數據較好的企業。

3）一般的財經網站會有簡單的企業資料，例如從事的業務，基本財務數據等。另外就是閱讀企業年報，你可以上港交所披露易網站下載，網址為：www.hkexnews.hk。

企業年報十分有用，當中包括了企業的資料，最新的業務情況，以及財務數據，管理層講述前景等。我在分析企業，尋找潛力股時，就是花大量時間去閱讀企業年報，以這方法去得到企業資訊以及選股準則。

059 投資美股還是港股？

老師你好，想請問投資美股會不會比較好？

美股港股，其實都有投資價值，長遠而言，中國及美國是全球最大的兩個經濟體，投資這兩個市場，其實長遠都會有不差的回報。

美國上市的是全球最有代表性、國際性的股票；至於香港上市的大多是中國大陸企業，我們要從長遠的經濟發展及企業層面去分析，因此這兩個市場都不差。

如果你想分散風險，可以同時投資美股及港股，建立一個平衡的組合。

最簡單入門的方法，就是投資交易所買賣基金（ETF），利用投資指數基金，就能投資到相關市場，例如追蹤港股恒生指數的盈富基金(2800)，追蹤美股標普500的(VOO)，追蹤美股納指的(QQQ)，都是適合初階者投資的工具，有長線投資的價值。

060 怕買錯股票

龔成先生，我想買股票，但當我想按下按鈕要買股票的時候，怕自己根本未十分熟悉現時這個市、這個股票、這個價格是否值得買。

你會如何衡量自己對某股票的熟悉程度，致令你可以決心放下一筆錢去買它？

你不敢買股票，是因為你對股票未完全認識，所以，你只需提升你的股票知識，這就可以投資了。

因此，當刻你要做的是多閱讀投資類書籍，報讀一些股票投資課程，開始留意財經消息及新聞，這都是重要的基礎知識。

至於如何定義「充份了解一隻股票」，在我的股票班中，有一份長達6頁的「企業評估表」派給學員，要求他們每次買股票前，都一定要填寫的。目的是確定所買入的是優質股，已清楚了解，及當中風險如何。

因為我們買股票，就是買入一間企業，試想想，現時你要入股一間企業，你要了解哪些項目？

當你未清楚這企業做哪些生意、前景如何時，你一定會無信心。相反，如果你對企業已充份了解，同時對企業前景有信心，你就不會擔心了。

簡單來說，只要你可以清楚說出，該企業的基本資料、獨特之處、優劣之處、風險及前景等，你就可以放心投資了。

061 優質股都會跌七成？

成哥你好！我朋友和我說就算是優質股都有機會跌七成。這是真的還是假的？

我投資幾年從來沒有見過，通常調整三成已經是盡頭，我朋友這樣說令我覺得有點誇張。

優質股的股價下跌程度，一般會比其他股為少，股價波動性都較少。

不過，這不代表不會大跌，在某些情況，優質股跌七成是有可能的，但就不常見。

但要留意，這是「股價」，不是「價值」，有些優質股，當時處於熱炒期，股價高出企業價值很多，之後大環境面對風暴，又或之後有股災，所有股票都會跌，優質股都是。

這樣，股價就會由嚴重高過合理價，跌到嚴重低過合理價，股價由高位計下跌七成是有可能的。但只要投資者從本質分析，如果企業本質不變，就不用擔心，例如金融海嘯時，港交所（0388）都跌超過一半，其後股價不斷創新高。比亞迪（1211）亦試過由$88跌至$12，其後股價升破當年高位。

因為市場一般很情緒化的，由過度樂觀去到過度悲觀，股價就會大跌，但企業價值可能從來都無變，因此，投資者分析時，要著重企業的長遠業務，以及價值去分析。

但要留意，有些股票，如果質素轉差，股價下跌後有可能不會上升，例如過往的藍籌股利豐（前上市編號：0494），這股由高位下跌了九成，最後私有化並退市。

如果分析這企業的業績，投資者不難發現，這企業長期的生意都持續向下（連續多年有這情況），而這企業的角色是採購方面的「中間人」，當網購趨勢不能逆轉時，對其業務有很大打擊，當投資者見到這情況，就明白企業的質素下跌。

當一間公司由過往的優質股，變成非優質股，投資價值就大減，股價長遠也只會向下。因此，投資者要持續分析企業的質素、大環境、業績，以確定質素無變。

> **市場一般很情緒化，由過度樂觀到過度悲觀，股價就會大跌，但企業價值可能從來無變。**

062 與股票談戀愛是好是壞？

成哥，我聽很多人說，不要和股票「談戀愛」，但你又經常強調要長線投資，其實應該要怎樣做？

這問題沒有絕對答案，因為要視乎投資者本身的策略，以及哪一類股票，如果是短期投資者，或所買入的是週期股、消息股、財技股、垃圾股等這類股票，當然不應與股票談戀愛。

至於一些藍籌股、優質股、持續成長的企業，對長線投資者來說，才有談戀愛的價值。其實只有小部分股票，如優質企業，才會長線投資，而其他股票，未必有長線投資的價值。

若果以「談戀愛」去比喻買股票，可以解釋為小心選擇股票，長線投資，並不會經常買買賣賣。

但要留意，雖然投資優質股，應該以長線為前提，但並不是盲目持有的，分手（賣出股票）是有可能出現的事。例如企業原本是很優質的股票，但後來優質度大減，賺錢能力大不如前，又或者有一些核心因素改變，由優質股變為無質素股，就應該理性處理，將股票賣出。

當你用談戀愛般的策略去投資股票，你就會在投資前小心分析，嚴選對象，亦會定下一些「條件」才會考慮該股票。而這種小心選擇股票、不常做買賣決定的行為，正正是穩健投資者需要的元素。

傳統思維提醒我們不要與股票談戀愛，當中並非沒有道理，因為在現實中，值得我們談戀愛的股票實在太少。另外，若盲目地持有股票，不能理性地看待投資，這也是危險的。

但如果找到有質素，而又持續成長的企業，例如港交所（0388）、騰訊（0700）等企業，就要長線持有，甚至發展出「一生一世」的關係，若果由這兩間公司上市時一直持有，就能得到過百倍的回報，正是長線投資的威力。

如果找到有質素，而又持續成長的企業，就要長線持有，甚至發展出「一生一世」的關係。

063 股息與除淨日

成哥，其實買股票如何知道自己收多少息？股息率、除淨日又是甚麼？哪裡可以找到資料？

你只要在一些財經網站，都能查到每間上市公司過往的派息資料，一般會列出5年數據，例如每股股息金額，派息比率，以及最新的股息率等。

每股股息，就是你持有每一股，能收多少息，例如某股今年度派每股股息$1，你持有1萬股，你收息$1萬。

而股價會不斷變化，假設今天股價$15，明天股價$20，無論你多少錢買入，你今年度都是收$1股息，那如何衡量你買入時的回報率？股息率就是其中一個指標。

例如你在$20買入，收息$1，股息率就是5%，公式就是：「每股股息 ÷ 股價」，你可以評估這個股息率是否合理。

另外，由於股票每天不斷在市場交易，即是該股票今天在投資者A的手中，明天已賣到投資者B的手中，當企業派息時，就要有一個日子，去界定甚麼時候買入這股才有息收，而那一個日子就叫做「除淨日」。

所謂的除淨日，就是已經除去權益的日子，這天之前買股票才有股息收。

假設9月2日為除淨日，若9月1日買股票，就有息收（你可在9月1日或之前買入，只要持有到9月1日收市就可以），但若你到9月2日才買，就無息收。

但要留意，股市會對除淨後的股價自行調整，例如某股派息$1，9月2日除淨，9月1日收市價為$20，9月2日理論的開市價就是$19。雖然9月2日無息收，但股價會自然調整，所以除淨前後買，在理論上是一樣的。

064 送紅股的數字遊戲

成哥，有些問題想問。

1）你說「10送1」、「2送1」這類送紅股只是數字遊戲，股價會下降所以沒有分別，我不太明白。

2）為甚麼你說派息會令企業價值減少，令股價跌？

3）如果收息後，股價會下跌，那有甚麼意思？

1）送紅股的意思，就是股東得到額外的股票，舉例說，某股進行「1股送1股」的紅股計劃，如果你持有1萬股，就會得到額外的1萬股，你總持股數目就會增加。

表面上很有利，但這只是一個數字遊戲，股東不會因此而有實際得益，而企業價值都不會因此而提升。

因為當企業進行送股，每一股的價值自然會下調，例如股價原本為$10，當1股送1股除淨後，股價就會自然下調至$5，投資者股數增加一倍但股價跌一半，即是無分別。因為企業價值不會因為送股而增加，同一個餅，切的份數多了，每一份當然細了。

2）當企業派發現金股息後，原本持有的現金減少，例如之前的企業價值是$110億，當派發現金股息後，例如將其中$10億現金派出，企業價值會減少了$10億（因為有實在的現金流出），企業只值$100億。因此，企業價值減少，股價都會有這數目的市值下跌，這是自然的事。

3）一隻股票原本股價$10，派息$1，除淨後股價會調整為$9。對一個短線投資者，除淨前或後買是無分別的。

但如果是長線投資者，角度就不同，因為持有的生意不斷賺錢，當刻派息除淨令股價跌，但當企業不斷營運，就會令企業慢慢成長，股價慢慢回升，企業會賺到盈利，下年度又會將部分用作派息。

簡單來說，對於一個長線投資者，短期的除淨前後因素並不重要，投資者著重企業的長期成長，以及持續派發的股息。

當企業派送紅股，每一股的價值自然會下調，投資者股數增加一倍但股價跌一半，即是無分別。

065 接受以股代息的關鍵

老師，你好！剛剛收到通知書，內容是要我選擇以股代息或收現金。一般來說如何選擇較好？如我打算長線的。

在香港的上市公司中，有小部分股票會提供以股代息，例如港鐵（0066）就是其中一隻。

以股代息的意思，就是當股東收股息時，不要現金，要股票去代替。

例如投資者今次可收現金股息$1,000，這股提供以股代息，其後會宣佈一個換股價，假設今次為$20，如果投資者選擇「以股代息」，就會收到50股去取代現金。

決定是否以股代息，有三個考慮因素。

第一， 一定要長線投資的，因為以股代息一般會產生碎股（不足一手的股數），所以最好要不斷儲股，每次都以股代息的模式進行，長期儲貨，就是較好的方法，長遠能減少碎股的因素。

第二，只有優質股才可進行。因為以股代息的原理，就是收股票去代替現金，即是增持該股，因此該股一定要優質股才可以進行。

第三，換股價要合理。每次以股代息，都會公佈該次的換股價是多少，投資者要衡量這個價是否合理，如果處於貴價的水平，就寧願收取現金。

066 股息率與派息比率

老師你好，我不是太清楚：股息率／派息比率／實際派息，這三樣東西是否不一樣？

股息率 ＝ 每股派息 ÷ 現時股價

［你現價計的投資金額，所收到的股息回報率］

派息比率 ＝ 每股派息 ÷ 每股盈利

［集團會用多少百份比的盈利，作為派息之用］

實際派息 ＝ 每股派息 × 你持有股數

［你實際收到股息的金額］

假設，某股每手500股、每股盈利$5、每股派息$3、現時股價$60，假設你持有一手。

股息率 ＝ 每股派息$3 ÷ 現時股價$60 ＝ 5%

［股息率就是5%］

派息比率 ＝ 每股派息$3 ÷ 每股盈利$5 ＝ 60%

［派息比率就是60%，即公司每賺$1盈利，就會將其中$0.6以股息派發給股東］

實際派息 ＝ 每股派息$3 × 你持有股數$500 ＝ $1,500

［你持有一手，未計手續費等成本，你會收到$1,500股息］

067 如何計算ETF的合理價？

老師，想問下ETF，例如追蹤美股指數、港股指數，應該如何計算它的合理價？

追蹤股票指數的基金，計算平貴方法比單一股票更加複雜。

首先，單一股票價值就要計算企業價值，要考慮企業的生意、盈利、現金流、資產、負債、前景等。

若果是股票指數基金，即是同時持有多隻股票，最正統及最準確的方法，就是計算這些股票的各自企業價值，就能得到該基金的合理價值。

當然，這是一個複雜的方法，也有簡化的方法。

首先，當然要清楚該ETF所追蹤的指數是甚麼，追蹤恒生指數、標普500指數、納指，還是其他指數？

然後，我們就以這個指數過往的歷史表現去衡量平貴，例如用市盈率、市賬率等這些基本指標，找出一個合理範圍，並以這作為推算基礎。但要留意，如果指數的本質有變，情況都會改變，例如恒生指數近年加入了較多新經濟股，成份股數目不斷增加，新加股票的平貴水平與原有指數成份股並不同，投資者就要作出調整。

另一個方法，就是找出該指數頭十大持股，如果這十大持股已佔指數一定的比例，只要計算這十間企業的價值，就能初步推算指數的平貴水平（當然，這方法準確度只是中等）。

068 如何避開投資陷阱？

龔成老師，我是你股票班的同學，之前你在堂上提及，有網友分享加入了一些微信美女群組，聲稱自己有內幕可以短炒賺錢的事，你說是騙局。

我想問他們騙了我們甚麼、如何騙我們？我亦有相同經歷，原本想跟她炒細價股，但聽完你的忠告後便沒有理會他們了。

其實我經常都收到不同的網友，與我分享這類經歷，有些更有大額損失。

例如網友A半年前上網識了朋友，在網上的股票討論區識的，對方是美女頭像，大家言談甚歡，交談了數個月都很正常。

到有一天，美女就和網友A說，她的朋友是投資界的高手、與上市公司有關係的人，很快將會炒起某一隻股票，這是十分內幕的貼士，要盡快入這股，是難得的致富機會，之後不會再有。

網友A入貨後，股價在10分鐘內大跌九成，美女消失，網友A損失非常嚴重。

我相信這個所謂的美女，其實是中間人，幫背後集團將股票在高位賣出（而所謂的美女，只是頭像）。

他們背後有一個很大的集團，他們有能力操控股價（當然犯法），並於股價很低位時入了貨，又或根本是這公司的人，加上這類股通常市值細，股權高度集中，幕後人要控制股價根本很易。將股價在低位炒上，然後就在高位，用各種方法引投資者接貨，將他們低位的貨，高位賣出，散戶接貨後就不再支持股價，股價自然大跌。

簡單來說，就是一隻價值只有$1的股票，人為操控炒上$10，然後引散戶接貨，散戶買入後不再維持股價，股價回到合理值，幕後人$1的貨以$10賣給散戶，因此大賺，而散戶用了$10去買入了只值$1的股票，結果大蝕。

近年有很多這類騙案，騙徒會化身成美女、投資專家、基金話事人、上市公司管理層等，先與散戶打好關係，當得到散戶信任後，就推介股票引散戶入局，以上述手法騙取散戶的錢。

要避開這類騙局並不難：

第一，不要胡亂加入財經群組。
第二，不要輕信別人意見。
第三，買入股票前要有自己的獨立分析。

其實這類股，不少都有以下共通點：

第一，市值細，很多都少於$10億。
第二，上市年期不久，例如不足一年。
第三，股權集中，甚至證監會發通告，提醒散戶出現這情況，叫散戶小心。

投資是重大決定，切忌輕信來歷不明的「貼士」，或亂入財經群組。

每次入市前必須先要獨立思考。

069 加息對收息股的影響

老師，加息是否會令收息資產、收息股受壓？是否在加息週期不應該買？

所謂的外圍加息，一般是指美國聯儲局的指標利率上升，這是一個指標性的利率，當這個利率上升時，各方的借貸利率，都會連帶向上。

當加息發生時，即是無風險投資工具回報提高，有風險的回報都要提高，否則，有風險投資工具的吸引力就會不足。

舉例說，如果現時無風險工具的回報率為1%，有風險的收息工具，如收息股回報率為4%。

假如現時外圍加息3%：

即是無風險工具回報率都有4%，若果現時有風險工具的回報率只有4%，吸引嗎？如果兩者都是4%回報，為甚麼要承受風險買有風險工具，何不買無風險工具而安穩得到4%回報？

因此，當外圍加息，有風險的投資工具，回報率就變成吸引力不足，市

場就會自然調節，直至有風險工具返回合理回報水平，才算有吸引力。例如回報率由4%，調升至6%、7%。

怎樣會達至這樣的調整？

有兩個可能，第一，該投資工具的回報提升，例如一隻收息股，提高了派息金額，自然提高了回報率。

第二，價格下跌，當價格下跌時，股息率（每股股息 ÷ 股價）自然地調高，這就是市場理論認為，當加息週期發生，會對收息資產，如債券、收息股，造成價格下跌的原因。

不過要留意，上述只簡單說明加息對有風險與無風險工具的表面影響，在真實情況裡，仍有更多複雜因素。

例如投資者要深入思考，加息的「因果關係」。

加息是一個「果」，經濟好才是「因」，如果經濟好是大前提，優質企業自然能受惠經濟，反而是利好企業的因素，若果企業之後能派更多的股息，收息股的股價就未必受壓。

即是說，如果該收息股，本身的股息有長期增加的能力，就不用太擔心外圍加息令該收息股的股價下跌。由於企業的股息源自盈利，因此要選擇一些較有優勢，業務穩定，盈利穩定的收息股，是較理想的做法。

070 如何克服股價下跌的心理？

老師，我買了一隻股票，入市後第二天就下跌了10%，心理壓力提升，賬面蝕了半部iPhone！

我很容易受到股價急跌而害怕會愈蝕愈多，便開始想，我是否要盡快止蝕？龔成老師，你如何克服這問題？請多多指教！

投資的大忌，就是心理質素差，這會引致錯誤的投資決定。成功的投資者，都是十分理性，投資決定不會被情緒影響。

很多散戶都像你一樣，經常計著現價賺了多少、蝕了多少，這就會出現較大的心理壓力。

如果你無法改善這情況，無法以平常心面對短期股價，反映你可能不太適合投資股票，又或只適合投資收息股，你要認真想想這個問題。

你出現這個狀態，反映你不明白「股票的本質就是企業」，如果你完全掌握買股票就是買企業，著眼點就不會放於當前的股價，而是長遠的企業發展。

我持有比亞迪（1211）超過10年，股價試過由$88下跌至$12，我都無止蝕，亦無心理壓力，因為我不著重「短期股價」，我只留意「將來的企業價值」，只要企業質素無變，就不用理會。

另外，如果這股佔你投資組合大部分，會出現集中風險情況。我們投資股票，是進行一個財富分配的過程，要適合自己，並將資金配置在不同的資產裡，長期增值，不理短期股價。組合要平衡，要適合你。如果你太過集中單一股票，就會有很大的心理壓力，也會出現集中風險。

> **只要明白買股票就是買企業，著眼點就不會放於當前的股價，而是長遠的企業發展。**

071 孖展與斬倉

龔Sir，我想請教一下孖展是甚麼？斬倉又是甚麼？

多多指教！

孖展就是以槓桿模式去進行投資，往往涉及借貸成份，例如運用$10萬本金去投資價值$20萬的股票，如果這$20萬的股票升值50%，投資者獲利$10萬，對本金$10萬來說，就是得到了100%的利潤。

當然，所有槓桿投資都有利有弊，回報放大，風險都會同時放大，如果股價下跌，虧損都會因此而放大。

原本$20萬的貨，如果市值下跌至$10萬，投資者就會損失全部金額，而銀行或證券行，會在股價下跌至某一水平，例如市值跌至$15萬時，就會通知客戶進行補倉（投入新的保證金），否則當股價進一步下跌時，就會進行強制平倉（斬倉）。

如果投資者沒有補倉，而股價再下跌，當跌至某一水平，例如$12萬，銀行或證券行就會斬倉，強行在市場上賣出股票（斬倉水平要視乎相關機構條款）。

銀行或證券行，並不會等到投資者輸盡100%本金才斬倉，而是到達輸100%之前，已經有權進行斬倉。

另外，當市況十分波動時，銀行或證券行有機會出現「斬突倉」情況，例如股價急跌，強行賣出後的市值只餘$7萬，銀行或證券行就有權追回$3萬。投資者不單輸盡$10萬，更要補回輸多的$3萬。

孖展投資是高風險投資，不建議新手採用。

072 甚麼是同股不同權？

龔成Sir，甚麼是「同股不同權」？

我看小米都是這類股，你在它最初上市時說因為它是「同股不同權」，所以要觀察一下。幾年後你又有買入，為甚麼呢？

我先解釋「同股不同權」，即是小股東持有的1股，投票權不及大股東的1股，這些企業將股票劃分為兩類，小股東擁有的一類，與大股東擁有的一類，並不相同。

例如投票權比例是1：10，如果你是小股東，與其他小股東合共持有10億股，大股東都是持有10億股，你們只會有合共10億票的投票權，而大股東則有100億票的投票權。

這就是同股不同權，小股東的利益比以前少，大股東則有絕對話事權。

這個制度有好有壞，壞處當然是對小股東不利，小股東無話事權，如果面對不良大股東，小股東的利益將會嚴重受損。

至於好處，這類運用「同股不同權」制度的公司，一般是較新興業務的企業，處於較快發展的市場。而這些公司在發展過程中，特別是中短期，業務會較為波動，市場變化大，一般的投資者（散戶），未必完全了解企

業當刻決策真正的用意，若果小股東因為短期的市場不利，而影響了企業應該的長遠發展，對企業反而不利。

因為這些發展較快的企業，經常都會出現「短期小股東未必理解」的決策，所以，若果大股東沒有較大的話事權，就有機會出現反而對企業不利的情況。

至於小米（1810），2018年上市，是香港第一隻以同股不同權模式上市的公司，因此，我當時要觀察一段時間才確定這種制度會否對小股東不利，加上2018年這企業未有正現金流，財務數據只是一般，因此，當時未有投資。

到2020年，這企業財務數據已經理想，並有正現金流，加上小米沒有做出對小股東不利的動作，再加上當時已分析到這企業往後發展理想，於是我自己在2020年，才首次投資小米，並長線持有。

073 面對供股應如何處理？

老師你好，我知道「供股」和「月供股票」是不同的，若一間企業要進行供股，我們這些散戶應否參與？用哪些因素分析呢？

首先，「供股」與「月供股票」是不同的。前者是企業進行集資的計劃，後者是投資者自己與銀行訂立一個持續買入股票的計劃。

投資股票就是買入一間企業，情況如各伙伴一起做生意，企業因種種原因，例如現時財務情況不佳，又或想得到更多資金發展，這刻想股東們再夾多一些錢，投入到企業裡，這就是「供股」。

投資者投入新資金到企業，而企業發行新的股票給投資者，令投資者有所得著。企業會先公布一個供股計劃，例如「2供1計劃」，投資者如果持有2股，就可以供1股，如果投資者持有2,000股，就可以供1,000股。

企業同時會公布一個「供股價」，這個價位一般比現時股價為低，以吸引投資者供股，投資者就能以這個較低的價格，去得到新股票。

一般散戶只以表面因素作決定，例如當供股價低過自己的買入價，以及當供股價低過現時股價，就認為便宜，認為值得供，但這是一個很錯的觀念！

供股的原理，就是投入新資金到這間企業，投資者最重要分析的，就是「企業質素」，投資者要視為「我現時額外投入新資金到這間企業裡，值得嗎？」

絕對不要被自己過往的買入價，以及現時股價影響，最重要是分析企業質素，如果企業無質素，當然不值得投入額外資金在其中！

因此，投資者最重要分析企業質素，以及供股價的平與貴。

另外，要分析企業供股的目的，是償還貸款？企業發展？一般營運？還是其他因素，企業供股都會交代這次供股的目的，投資者要了解是否合理，以及憑這目的去供股是否值得。

如果一間企業，經常進行供股，例如5年內有2次供股，一般都不建議投資。

074 企業回購股份是利好嗎？

請問成哥，企業回購自己股份是甚麼意思？是利好因素嗎？

回購股份，意思是以公司的名義，買回自己公司的股票，一般都是一個回饋股東的過程。

當企業在市場上買自己公司的股票，從基本的供求角度，會令股價上升，因為短期不斷買入，股價自然推高。

當企業買自己的股票，之後就會進行註銷，令企業的總股數減少，這樣就令餘下每一股的價值增加，從而間接提高股東價值。

因此，無論對短期股價，還是長期價值，這都是一個利好的因素。

當一些企業見到現時股價不貴，低於企業價值，同時企業持有較多的現金，就會用這方法，在市場買回自己公司的股票，間接回饋股東。

一間企業持有過多現金，而又找不到投資機會，就會想方法回饋給股東，善用現金，常見方法是派股息及回購股份。

投資者分析時，可以將「回購股份」視為加分因素，但要記著，這不是核心因素，因為一間企業是否優質股，是否值得我們投資，最重要是分析「企業本質」，即是業務、發展、財務數據等，回購股份只是輔助因素。

075 流動資產與流動負債

1）龔Sir，我是你股票班的學生，想請問如果企業年報用其他貨幣計算，但我們股價是用港元，需要兌回港元計嗎？

2）你在堂上提及企業的流動資產最好多過流動負債，但如果有些企業，它的流動資產少過流動負債，這樣有沒有問題？我看你也有這些股，你仍會定為優質股嗎？

1）在最初分析企業及計算價值時，會以該貨幣單位作計算，例如該中國企業用人民幣結算，投資者分析時，就會以人民幣作分析，例如過往這企業做生意有多少人民幣，之後預期會有多少人民幣的盈利。同時，會以人民幣去計算這企業值多少錢。

然後當我們要比較現時港股的股價時，就要將之前的計算，例如每股價值，化為港幣計算，才可以比較，而這一步是最後做的。

另外，部分財經網站，例如AASTOCKS.com都會將財務數據摘要（如每股盈利摘要），化為港幣顯示，網站會列出每一年用哪個兌換價去計算。

2）我們分析企業時，會要求企業的流動資產淨值為正數〔流動資產淨值＝（流動資產－流動負債）〕。只要流動資產淨值正數，就能確保企業的流動性沒有問題，反映企業擁有的流動資產，足夠償還流動負債，流動性風險較少。

因此，這是投資者分析企業流動性的其中一個指標，但不是唯一的指標，更重要是分析背後的情況。如果要仔細分析，就要了解流動資產的結構，流動負債具體的到日期，背後所擁有的資產等。

流動資產淨值最好正數，同時數字較大較穩健，數字出現負數反映流動性較弱，但都不一定有問題，因為投資者要同時分析其他因素。例如企業本身的現金流強，就算這刻的流動負債較多，但有持續的現金流並足以償還，就沒有問題。

另外，有些企業的總負債不多，以及擁有的資產很有價值，就令企業之後的「可借貸力」較高，就算這刻流動資產淨值為負數，也不一定有問題。

076_簡單定義股價平貴

老師，你經常說某某股的合理價是多少，現時處於平與貴，其實你是如何計算出來的？

定義股價平貴，即是要計算企業價值，計出價值後再比較現時的股價，就會知平與貴。

簡單來說，定平貴有兩個方法，第一是表面方法，雖然不完全準確，但就較簡單，適合投資實力不太高的人。

方法就是分析大市的冷熱情況，如果大市過熱，市場很貪婪，例如出現了這些特徵：很多人買股票、市場十分樂觀、融資活動加強、新手入場買股、指數創新高，往往股市已到了貴的水平。

相反，如果大市處恐慌期、股市成交減少、大市十分靜、股價持續向下、悲觀情緒主導，往往是股價便宜的時候。

第二個方法較正統，就是計算企業價值，過程比較複雜，較難在這裡三言兩語表達得到，就算在我的股票班，都要講5小時，裡面講述3種估值方法，有難有易，同學都用到的。

簡單來說，要考慮企業的生意、盈利、現金流、資產、負債等財務數據，同時要比較行業，考慮這企業的經營情況，之後的環境又會如何。這都是計算的基礎。

如果要深入計算，就要很仔細的研究企業，要分析很多財務數據等資料，利用不同的估值模型，才算有較完整的答案。

計算出來的就是「企業價值」，而現時的股價只是「價格」，投資者就是比較這兩個數目。當價格高過價值就是貴，價格低過價值就是便宜。

> **當價格高過價值就是貴，**
> **價格低過價值就是便宜。**

077 房託簡單估值法

老師，我是股票班的學生，我不是很清楚如何計算領展（0823）的估值，市盈率估值不是很適用，你又說有物業重估，有沒有簡單估值方法？

領展（0823）是房地產信託基金（房託），由於有物業重估利潤，所以在估值上較困難。

當投資者運用市盈率作估值的基礎時，要確定「盈利」背後的意義，房託、地產發展商、地產收租企業，每年都會為旗下所擁有的物業進行重估，當物業的估值上升，就會視為該年的盈利，但這只是一個會計數字，並沒有實質的現金流。

當盈利數字被物業重估因素影響，市盈率都會受到影響。

如果投資者要為這類企業，以市盈率進行估值，就要先將每年的盈利，調整物業重估部分，得到由營運而產生的盈利（年報能找到這些數字）。然後用這個數為基礎，調整過往每一年的盈利及市盈率數據，才可以運用。

對於房託，可以運用另一個更簡單的估值方法，就是「股息率」。

房託的股息率參考價值，比其他地產發展商，其他股票的參考價值為高，原因是房託規定要在「可分派收入」中，其中九成以上作派息，而這個「可分派收入」，就可以理解是房託營運上的盈利。

因此，投資者只要用股息作分析，數字已經很接近營運上的盈利，以過往股息作為估值的基礎。

方法與課堂教的市盈率估值法類似，先分析這企業過往的股息率，然後再推算之後產生的股息金額，從而推算這企業的合理價值。

078 如何為資產估值？

老師你好，請問如何由資產層面去進行估值？

一間企業的價值，主要由「業務價值」與「資產價值」組成。因此，資產價值是其中一個角度去衡量一間公司值多少錢，但不是唯一的角度。

計算資產價值最常用的方法是「賬面值」，這是在會計角度去衡量資產價值，方法就是在資產負債表上的資產再減去負債，就得到賬面值，只要將這數除以發行股數，就可得出每股賬面值（一般財務網站都有每股賬面值的數目）。

由於只是會計計算出來的公司賬面值，所以不一定等於企業的真實價值，但都可以參考。

投資者要分析這數字背後的意義，例如這企業擁有的資產是否有一定的市場價值？

例如企業A擁有很多機器設備，令到賬面值數目很大，但這些機器要套現困難，如果日後賣出，售價遠比資產負債表上的會計價值為低，這個賬面值的參考價值就不高。相反，企業B擁有大量地皮及物業，這些都很是有市場價值的資產，賬面值所反映的，就是較接近市場價格的數目，因此，企業B賬面值的參考價值就較高。

當投資者分析企業平貴時，就會以市賬率去分析，市賬率＝（每股股價÷每股賬面值），考慮股價與賬面值之間的比例，從而推算現時是平是貴。

以最簡單的說法，當市賬率處於「1」，就代表現時以資產價值買入這公司，即是這公司會計上值$100億，而市場正用$100億去收購。

如果市賬率數字少過1，就可以理解現時以折讓價去買入資產，但是否一定定義為「便宜」？未必。

因為要分析資產結構才能具體解讀這個「會計上的資產價值」，同時，除非企業將被收購或清算，否則，市場一般會較集中在業務價值，認為資產價值只是輔助指標。

賬面值只是會計計算出來的公司賬面值，不一定等於企業的真實價值。

079 現金流折現法計算

龔Sir你好，我是你股票班學生，有些問題想請教：

1. 對於高增長公司，我們用二段折現法，需自行估算該公司未來的現金流、增長率、預期增長年數、折現率等。但這些數字敏感度甚高，小小變化足以令結果謬以千里，故此，有沒有一些方法能提高二段折現法的準確度？

2. 你在課堂提到折現率是用無風險利率 + 大市風險溢價 x beta，這算式大概是來自資本資產定價模型（CAPM）。但我在其他書中讀到，即使是巴菲特也未必理會beta或CAPM，只會用一個劃一的折現率來估價，為甚麼呢？

1）現金流折現法是較高階的，所以你初學時，盡量以業務穩定的企業去做估值，而較高增長的類型，在使用二段折現法，要將增長率減少，不要太過進取，這就能保守一點。

因為這方法的敏感度的確高，所以在運用時，宜以較保守的模式進行。

當你推算企業的增長率及現金流時，要建基於合理的假設，你要先了解這企業過往的經營環境及發展，在這個環境下產生怎樣的財務數據。

下一步就是預測將來的經營環境，在這個經營環境下，將會產生怎樣的財務數據，你的推算要表達得合理的話，所有假設就要有基礎。

如果你未能有效掌握，建議先計算一些業務穩定的企業，這樣的準確度會較高。同時，現金流折現法的敏感度較高，所以當你計算增長率時，盡可能「保守」一點，不要假設過高的增長率，因為這是最易出錯的地方。

2）我先說明一些背景資料，在1994年巴郡的股東大會上，巴菲特曾講過：

「在一個長期債券利率為7%的環境當中，我們當然希望用10%的折現率，但是，這也取決於我們對業務的確定程度。

對業務愈確信，就愈願意投資，我們必須對任何業務感覺相當確信才會對之產生興趣，但是，確信也是有不同程度的。

如果我們相信我們會取得30年極為確定的現金流，我們就會用較低的折現率，低於我們用於折現預期會有意外或者有很大可能有意外的業務的折現率。」

過往巴菲特亦表示過：

「別擔心商學院所教的風險，風險對我們來說是一個通過或不通過的訊號，如果有風險，我們就不會投資。

我們不用9%或者10%的折現率來折現未來的現金流，我們用的是美國國債收益率，我們只做我們非常確定的業務，你無法用高的折現率來彌補風險。」

很多時，巴菲特會用一個較低而劃一的折現率，由於巴菲特所用的折現率較低，因此最後計出來的企業價值會較高，其實，我課堂所教的方法，反而較為保守。

巴菲特用這方法，有一個大前提，就是一定要找一些業務穩定，生意、盈利、現金流保障程度很高的企業，同時要十分精確地預估之後的現金流，只要計得精確，整件事就會變得風險很低，那麼風險溢價的作用就不大。

簡單來說，我課堂所教的方法，是考慮了風險因素，因此用一個略高的折現金（我所教的方法，是市場較多人用的方法），這方法會保守一點去計算出企業價值，去平衡風險。

而巴菲特，方法反而進取一點，但由於他找一些現金流穩定，又或精確地計出現金流，又或他認為風險極低的企業，因此，就算所謂「進取」（即是無特別考慮風險度），只要這方面計算準確，就算無加上風險溢價，問題都不大。

080 從損益表為股票估值

你好成哥，我如何憑「損益表」、「資產負債表」為一間企業定義平貴位置？

要定義一隻股票的平貴程度，投資者要為企業進行估值，由於要較長時間才能解釋到，這裡只能簡單作答，你可以閱讀《年報勝經》，書中都有教分析「損益表」、「資產負債表」，以及與企業價值的關係。

一間企業主要由「業務價值」及「資產價值」組成，但不是將這兩個價值相加，而是互相配合，你可以視為不同角度去衡量一間公司的價值。

投資者會閱讀5年的企業年報，了解企業的發展、資訊、經營情況、前景、財務數據等，當中會找到「損益表」及「資產負債表」。

損益表是記錄企業的生意情況，正是衡量業務價值的層面。

投資者要了解企業過往的生意、貨物成本、租金、融資成本、盈利等財務數據，並進行分析，目的是了解企業的經營情況，同時了解企業所面對的大環境，去預測將來的盈利、現金流等情況，以此為企業進行估值。

至於資產負債表，則是記錄資產與財務情況，即是企業資產價值的層面。

投資者要了解企業資產與負債的組成，了解企業有沒有流動性風險，是否有足夠的資金償還負債，不會出現破產等危機。同時，了解企業的資產價值，資產是否有質素，是否有市場價值，以此來衡量企業價值是多少。

因此，投資者為企業進行估值時，會同時了解損益表及資產負債表，以此作為價值推算的基礎。

081 全職投資者的工作

老師，你現時已是全職投資者，想請教一下你在投資時，會基於甚麼因素決定入市？因為知道你花很多時間分析股票，但真正入市次數就很少，過程是怎樣？

首先，我會大量分析企業。我現時是一名全職投資者，而其中一個工作，就是不斷分析企業。留意，我並不是「每日睇住個市」，而是分析「企業」。

因為買股票就是買企業，分析時就算要對一間企業作全面的分析，閱讀企業年報、企業網站資料、大行分析報告、競爭對手年報、行業資料等。就算要簡單了解一間企業，最少都要用6小時。

> **我每年會分析50-100間企業，持續進行。由於要提高投資的準繩度，因此不會經常出手，平均一年只會投資1、2隻股票。**

我會在眾多上市公司裡，用各種選股方法（例如股票班所教的5大選股方法），去尋找初步符合條件的優質股。

然後就是進一步分析企業，當尋找到真正優質的企業時，下一步就會進行估值，分析平與貴，然後決定是否入市。若果一間優質企業，現價處於貴的水平，就會耐心等待股價下跌，不會高追，由於優質股的數目不多，而便宜的優質股就更少，因此，我會耐心等待好的投資機會才會出手，令每年出手的次數極少。

簡單來說，我會建立一個「優質股名單」，當名單上的股價跌至較便宜的水平時，就會考慮投資。在這個時候，我會分析當刻的股價大跌，到底只是短期不利因素，還是企業的核心優質度減少。如果是後者就不會投資，若果只是中短期不利因素，預期企業之後能回到正常狀態，而這刻股價大跌，那就是難得的投資時機！

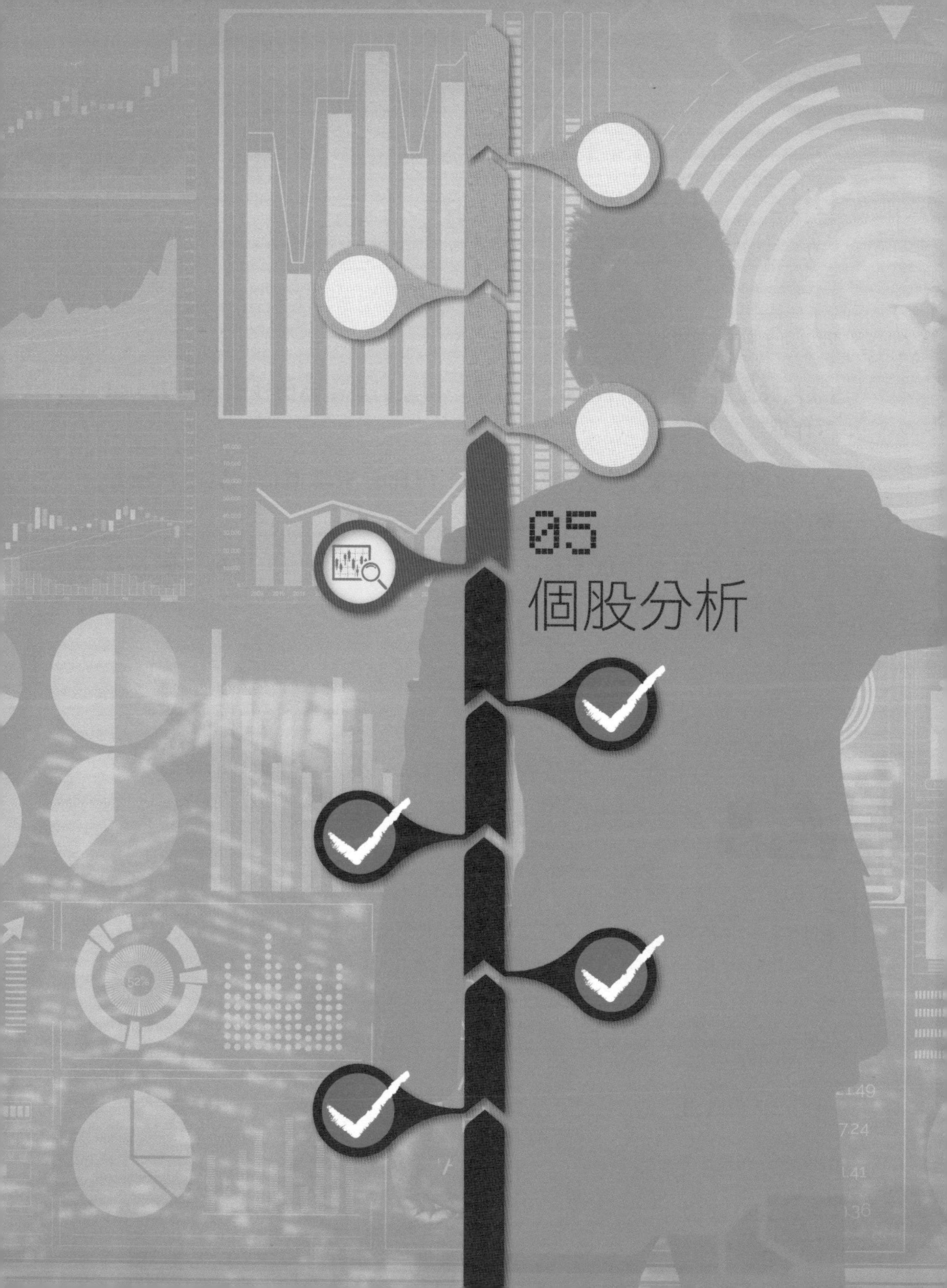

05 個股分析

082 小米長遠發展不差

龔Sir，有幾個問題想請教：

1)你好像看好小米(1810)，其中一個原因是產品的性價比因素，可否作進一步解釋？

2)你曾提及小米是效率型的企業，因此有相當價值，這是甚麼意思？

3)小米近年開發汽車業務，本來它沒有造車技術，風險度應該甚高，為何你依然看好？

1）我先從企業基本層面講述。小米集團（1810）本質不差，小米以手機、智能硬件，以及物聯網（IoT）為平台的公司。

小米強調自己不單是一間手機公司，自己是「一家以手機、智能硬件和IoT平台為核心的互聯網公司」。小米不斷加強於互聯網直接銷售產品，其硬件產品包括：智能手機、筆記本電腦、智能電視、人工智能音響等。

小米其中一個優勢，就是產品的性價比高，大部分產品售價不會太貴，質素又不太差。雖然部分產品不能稱為很高質素，但在該檔次類別定位清晰，取得一定市場。若果分析小米過往多年的銷售情況，智能手機每年銷售數目不斷增長，全球市佔率不斷上升，反映其手機的定位，在全球都有一定的市場，其售價與質素受市場歡迎。

當投資者分析企業時，可以用一個消費者的角度分析，如果見到該產品的性價比高，加上銷售量正不斷增加，就可推算這企業的產品長遠能為企業帶來相當的利益，甚至往後的市佔率仍會繼續增加。

2）正是上述所說，小米產品性價比高，但投資者要分析，其產品競爭對手是否很易學習，是否很易以相同的成本造出相同的產品。

小米本身有一定的技術，擁有品牌及銷售網絡，這都是小米的優勢，但其質素的手機，其他手機生產商並不是不能造出來的，因此，市場競爭仍是大的。

但小米有一個優勢，就是屬於效率型的企業，即是其手機及產品的生產成本，比其他競爭對手低。除了中國生產因素本來令成本較低之外，其控制成本方面也是小米其中一個強項，令產品的售價就算不高，都能賺取一定的利潤。

所謂的效率型企業，就是該企業比競爭對手更有效率，在成本上做得較好，當這類企業持續擁有這優勢時，就可以憑產品較低的售價，以及產品性價比高，不斷增加市佔率，甚至成為日後行業的王者。可見，這類企業有一定的優質度，同時有長線投資的價值。

3）小米造車，的確會令企業的風險度增加，但這動作不能完全看淡。

首先要了解小米這企業，雖然手機是小米的核心產品，但小米發展的大方向，是平台，除手機以外，亦會有多項延伸的生活產品。

首先以較便宜的售價去賣手機，令消費者使用其產品。除了加強品牌及令消費者使用產品外，小米憑手機平台再進行延伸銷售，例如小米智能電視近年銷售理想。延伸銷售令小米的盈利進一步提高，亦是長遠更大的發展方向。

當小米長遠發展智能汽車，本身擁有部分技術的小米，就能產生協同效應，產生成本優勢。加上上述所講，小米以平台延伸銷售的策略，令小米擁有銷售方面的優勢。

因此，小米造車雖然存在不確定性，但由於這公司本身的多項產品，都能夠成功並有一定的性價比，反映這企業擁有某些獨有因素，所以發展新業務時，有可能成為另一增長動力。

083 獨特企業港鐵的分析技巧

龔老師你好，我最近研究港鐵公司(0066)，有幾個問題想問：

1）你曾說它很有獨特性，怎樣叫獨特性？我們選股應該選有獨特性的公司嗎？

2)港鐵業務如何分類？

3)港鐵有不同業務，我們應該如何分析呢？好像很複雜。

1）港鐵公司（0066）是有獨特性的企業，而投資者在選股時，應尋找較有獨特性的企業。

所謂的獨特性，就是這企業有各種原因，擁有一些其他企業沒有的特質及優勢，企業憑這些獨特優勢，獲得比其他企業更高的賺錢能力及發展。

例如有些企業擁有一些核心技術或專利，令競爭對手無法達至該企業的水平，又或企業擁有很獨特的產品，很受消費者歡迎，而其他企業無法造出相同產品。而港鐵擁有的獨特性則來自政府給予的定位及權利，港鐵壟斷了香港的鐵路網絡，加上沿線物業發展權的優勢，都是對企業很有利的因素，令企業的賺錢能力甚高。

現時香港的公共交通工具，港鐵的市佔率約一半，多年來不斷增加，每當一個區份有新的鐵路線建成後，當區的巴士、小巴等交通工具都會大

受影響，反映港鐵的優勢較其他交通工具強。加上政府長遠希望以鐵路去解決香港交通問題，反映長遠會興建更多鐵路線。

港鐵另一個獨有優勢，就是地產方面。當興建一條新的鐵路線時，港鐵往往擁有一些沿線物業發展權（每次要商討），香港的物業本身已經貴，在鐵路站上蓋的價值可想而知，當港鐵長遠擁有這利益時，優質度一定強。

2）港鐵的主要收入，包括了運輸經營，利用鐵路站而產生的延伸收入，例如鐵路站內商舖的收租、站內廣告等，同時，港鐵持有不少商場及寫字樓，都為港鐵帶來強大的租金收入。

另一方面，港鐵有地產發展業務，這部分的收入較為不穩，但由於數目大，因此也不能忽視。

3）投資者在分析時，可以將業務及盈利，分開幾部分去分析及計算，就會比較易掌握。

可以先計算一些穩定性高的業務所產生的盈利，例如：車費收入、商舖的收租、站內廣告、商場及寫字樓的租金收入，以這些總和作為盈利數字的基礎。

同時，要考慮物業發展部分的利潤，但由於這部分的收入與盈利變化較大，投資者要小心分析，可以用平均數作為參考基礎，但不可太過著重一年的數字。

另外，由於盈利數字每年都會包括物業重估的利潤或虧損，而這只是一個會計上的數字，沒有實際的現金流，沒有賣出物業而有任何實際得益，只是賬面數，因此，投資者在考慮盈利時，最好將這個數目扣除，以營運上的盈利作為分析企業，及估值的基礎。

084 為何舜宇光學比瑞聲科技強？

龔成你好，看你分析股票從企業價值面著手，我很認同，但我有很多東西未能掌握，有幾項事情想請教你：

1）我正在研究舜宇光學（2382）和瑞聲科技（2018），但除了在財經網站看消息和專家評論外，不知道該怎樣具體分析整個企業，實在無從入手。

2）當我無法深入分析某些因素時，能否用大方向推理？以舜宇光學為例，當中有些技術我沒有能力理解，但我知道全球很多手機品牌都找它生產鏡頭，反映它的產品應該不差，這樣推理可以嗎？

3）我見到你在幾年前出的《50股》也有分析舜宇同瑞聲，而你在書中表示，舜宇的潛力度比瑞聲高，而我翻查它們近年的股價，舜宇股價升幅的確強過瑞聲，在我眼中它們都是做手機設備，但你是如何看到舜宇增長力較好？這個情況是否會長遠持續？

1）首先，你可以從財經網站入手，在輸入該公司的股價後，尋找「公司資料」／「企業資料」，選取「業務簡介」／「業務概覽」，就能找到這間公司的基本資料，可了解這公司的業務及發展等。

同時，你可在財經網站找「損益表」、「資產負債表」、「財務比率」，都列出了企業重點財務數據、財務比率，對初步了解企業都是十分有用的。

如果要再深入了解，就可以上該企業的網站，以及閱讀該企業的年報，在港交所披露易網站可免費下載企業年報，十分有用。如果你想了解更多，可在網上找一些大行分析報告，都是有用的資料，令你更全面了解企業。

2）這種分析方法是可以的，但要再深入少少去分析，不能太過表面。

當投資者未能全面了解企業及行業時，做一些邏輯性分析及推論，是可行的做法（當然，愈了解企業對我們分析愈有利）。

如果這企業的產品在市場上有一定的百份比，有很多大公司、大品牌都用，就反映產品有一定的質素。

同時，你可從財務比率著手，如果企業毛利率比行業低，生意無增長，反映企業只能靠價格去留客，並非以技術取得客戶。相反，如果毛利率比行業高，同時大品牌的客戶不斷增加，反映這企業有一些獨有優勢、技術，吸引大品牌客戶與之合作，甚至願意付出較高的價格買其產品。就算投資者無法完全了解企業的技術與產品，憑這些因素，都可以作出一些合理推斷。

3）舜宇光學（2382）和瑞聲科技（2018）都是有質素的企業，都有長線投資價值。

舜宇專注在鏡頭技術，瑞聲在聲學技術方面就較強（瑞聲都有鏡頭技術），你可以用一些生活上的常識去進行分析，就以現時的手機來說，你認為鏡頭較重要還是聲音較重要？

作為消費者，一部手機的音質達到某個質素已經足夠，消費者不會為追求更佳的音質而以更高的價錢買手機；相反，消費者對鏡頭的質素則不斷追求，觀察一下現時的手機，鏡頭的數目、質素正不斷增長。

加上鏡頭的應用只會更應泛，3D、臉部識別等技術、汽車發展等，多個行業對鏡頭的需求正增加，要求的質素同樣增加，擁有鏡頭技術的舜宇光學將會受惠，令舜宇的優質度比瑞聲強。

長遠來說，市場對鏡頭需求只會愈來愈高端，而高端技術將會是出路，而舜宇本身在鏡頭技術上，都行高端方向，因此長遠的增長力仍是較好。

如果企業毛利率比行業低，生意無增長，反映企業只能靠價格去留客，並非以技術取得客戶。

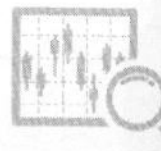

085 美團社會貢獻與價值關係

老師，我是你的學生，我正在思考企業與經濟貢獻的關係。

以科網股來說，它們股價和業績上的確有很強勁增長，但其實對GDP的貢獻較低。有些科網企業並沒有提供到一些實質物品／服務給我們，那只是一個工具。

以美團（3690）為例，客戶想在手機程式上叫外賣，然後商家收到訂單準備食物，美團外賣員負責運送。最終物品是該份食物，而美團好像只是一個工具，並沒有創造到實際價值。

我想請問，其實科網股的企業價值和創造出的社會價值，是否往往被高估了？

我用美團（3690）作解釋，我雖然無用過美團的服務，但用過香港類似的手機程式去叫外賣，我發現程式的每一個餐都比食店所標示的價格較貴，到最後更要加多$20外賣運費。

例如原本堂食一個餐要$70，手機程式標價$80，最後連運費要支付$100。

我相信大部分用家，都知道售價貴了不少，但仍然大有市場，反映市場有真實的需求。消費者願意額外支付更多金額，給予外賣公司如美團的價值，因此，產生了社會上所謂的經濟效益。

消費者認為額外支付的$30，能為產品帶來附加價值。雖然食物才是產品的核心，美團這些科技類公司只是一個支援角色，但美團確實為產品帶來附加值，同時消費者願意給予該價格，產生市場。這個附加值就是給消費者帶來方便，足不出戶就能吃到某食店的食物，同時節省時間。

當中為社會帶來了以下的經濟效益或貢獻：第一，企業能將食品送到更多顧客手上，擴大了銷售範圍；第二，消費者能享受更多類別的食店；第三，為消費者帶來方便；第四，為消費者節省時間，這樣消費者就能運用時間去創造其他社會價值。

簡單來說，美團雖然只是為產品帶來附加值，但附加值對社會都有經濟效益，同時當消費者願意支付金額給這個附加值，這間提供附加值的企業，就有確實的企業價值。

至於估值方面，則是另一個問題，科網企業估值較高有多個原因，例如：增長力較高、前景較好、賺錢能力較高、再投資回報率較高等。當然，若果市場處於熱炒期，就會高估了企業價值。

就算當刻產生的盈利相同，又或者對社會經濟貢獻相同，估值都可以不同。這不是傳統與科網的問題，而是不同行業，市場一向都會認為有分別的。例如一間傳統企業，每年盈利$10億可能只值$100億；但一間科網企業，每年盈利$10億卻可以值$300億，原因如下：

第一，科網類企業、新經濟類企業增長較快。假設某傳統企業今年賺$10億、下年都是賺$10億，市場給予的估值當然不高，相反，若某科網企業今年賺$10億，下年賺$15億，就算這刻估值較高，市場都會認為「貴得有道理」，這是由於市場集中在將來的業務與盈利層面，考慮較多前景因素，而不單是當刻的盈利水平。

第二，長遠前景樂觀。有些科網企業，這刻盈利及社會貢獻不大，但長遠來說，市場只會愈來愈大，業務發展及產品延伸的應用程度會更廣泛，經濟價值愈來愈高。

第三，每個行業的營運模式都不同，不少科網企業屬於輕資產類別，未必要投資大額的資產才能營運，只需投資基本的資產。當大環境配合就能產生高利潤，同時發展快速，即使投資相同的$1億資本，最後創造出來的盈利卻不同。如果企業能以較少資產創造較多利潤，市場對其估值一般會較高，而不少科網都是這類。

因此，不少科網企業、新經濟企業，其估值都較高，美團就是其中之一。

但都要留意，市場有時會出現過度樂觀的情況，高估了這企業的價值，因此分析時要很小心，分清企業本質是否真的理想。現時的高估值，是否有實質因素支持，所以判斷這類企業時，要求投資者有一定的分析技巧。

另外，這類企業的生意與盈利變化大，加上市場對這類企業的估值往往有很大分歧，令股價上落很大，投資者必須要注意這點。

086 大快活好過潮流食店？

你好，成哥，我是股票班的學生，最近有研究大快活（0052）這隻股票，都想訓練自己分析股票的技巧。有以下問題：

1）大快活為甚麼還有增長，市場應該已飽和了嗎？

2）雖然毛利率及增長力不算很強，但股本回報率（ROE）多年來都有20%，為甚麼呢？

3）聽你說寧願選它而不選其他潮流食店，潮流食店不是更好賺嗎？

1）你可以分析過往多年大快活（0052）的營業額情況，在正常的經營環境，營業額都有穩定的增長，不是很強，但都有基本的增長，我們作為投資者，下一步就要解讀這些財務數據，為何大快活的營業額數據仍有增長？

首先是加價因素，大快活的食物，基本上都能按通脹加價，雖然不是很多，但都有基本的加價能力，大致能跟市場的幅度去加價。

另外，香港的飲食業雖然已經處於成熟階段，但始終人口增長及新市鎮發展，對其生意都有利，如果分析大快活近年的分店情況，分店數目仍是增長的，反映這企業仍有平穩增長能力。

2）大快活在行業的賺錢能力中，不過不失，賺錢能力及增長力未算突出，這是由於飲食業處於完全競爭狀態，如果一間食店沒有獨特性，就只能賺取合理而不過多的利潤，這就是市場平衡點，因此大部分的食店都不會賺得很高的毛利，這是正常的。

至於股本回報率（ROE），在這個情況下數字都會較高，主要由於這企業有較高的派息比率，保留盈餘較少，令股東權益在資產負債表上的數字不高；此外，ROE沒有反映到再投資的動作，只反映原有資本的回報率理想，因此出現較高的數字。投資者可以解讀為，大快活的股本回報率理想，但由於沒有反映再投資回報率，因此不能定為賺錢能力很強的企業，但整體都不差的。

3）我在選飲食股時，會選大快活這類，多過潮流食店。

主要原因是業務的穩定性，潮流食店的生意變化可以很大，在受歡迎時期，生意十分好，每項產品的毛利都會很高，的確較好賺，但這情況會吸引大量競爭對手，令行業競爭加劇，最終可能會出現惡性競爭。

另外，當潮流食店生意處於大受歡迎的時期，管理層自然想開分店。如果在增加分店後，市場需求大幅下跌，企業就會面對很不利的局面。而這情況在潮流食品類別是經常發生的，因為這些潮流食品，往往只是一剎那的風光，在香港就更加明顯，因為香港人是十分貪新鮮，所以長遠生意的可持續性，存有未知數。

相反，大快活這類快餐店，雖然不是很好賺，但特點是穩定。在任何情況下，任何經濟環境都有一定的需求，作為投資者，就能較易分析這類企業業務並進行估值。此外，這類企業的風險程度也會較低。

因此，從投資者的角度看，這類有穩定生意的快餐店，投資價值會比潮流食店更高。

087_避免投資單一股票

1）老師你好，有兩件事想請教，我現時有$100萬，想集中投資一隻內銀股收息，我見有些內銀的股息率達到7%，很吸引，這樣可以嗎？

2）如果我見到某一隻內銀股，比其他銀行股派更高息，其實是甚麼原因所導致呢？

1）我不建議你集中投資一隻內銀股。

我們最重要是建立一個長期的「財富組合」，要優質，要平衡，要適合你的年齡與風險承受程度，不同類別的股票都要有。

同一行業不能太多，同一股票不能太多，單一股票最好佔股票組合15%以下。因為當你過份集中一隻股票時，就會出現集中風險，就算該股怎樣優質，企業在營運時總會面對各種風險，我們進行理財，講求平衡，要在可承受風險情況下爭取回報，並不是盲目爭取回報。

每間企業每個行業都有其風險，因此不能集中，將資金分配到不同股票及行業，策略上較好。加上銀行業本身以高負債模式運作，同時有金融系統性風險，其實銀行的風險程度比一般人想像的高，因此，我不建議過度集中在這行業。

如果你的投資目標是收息，建議你建立一個收息股組合，同時持有多隻優質、穩健的收息股，內銀股可以是其中一部分，但不是唯一。另外可加入公用事業的收息股、房託、收息股基金等。

2）這是一個風險與回報的概念，市場會因應每隻股票的優質度、行業、前景、盈利穩定性、風險度等，給予不同的價格。雖然短期股價只反映市場情緒、資金流向等因素，但長遠而言，股價會反映企業價值，處於合理的平衡狀態。若果一隻股票長期都處於某水平，反映市場認為該股就是值這個價。

舉個例，兩隻股票都是每股派息$5，如果兩者質素相若，股價與股息率都會相若。這情況下，如果兩隻股票價格是$100，股息率會是5%。但如果其中一隻股的質素較差，股價自然較低，例如只值$80，股息率就會提高（6.25%），這是一個市場要求回報率的概念。

當你見到某內銀股的股息率比其他銀行股為高時（同時這是長期狀態，並不是短期情況），就反映市場認為當中的質素比其銀行較差，或風險程度比其銀行較高。例如市場認為這內銀股的增長力較弱、壞賬較多、風險較高，那就會認為股價未必值太高，令股息率拉高。從另一角度來說，就是市場認為要較高的股息率，才能抵償該股的風險度。

當然，股息率背後有多個原因影響，上述所講的優質度及風險程度，只是其中一部分原因，你仍要仔細了解每間企業的情況，才有具體的答案。

088_中生製藥分析技巧

老師你好，我想請問中生製藥（1177），見你曾在書中介紹而你又持有它多年：

為何你說比起其他藥企，它的風險不算高？

為何你選中生製藥而不選其他？如何看到它的優勢較強？

中生製藥（1177）是中國領先的創新研究和開發的醫藥集團，業務覆蓋醫藥各種研發平台、智能化生產和強大銷售體系等全面的產業鏈。

其產品包括多種生物藥和化學藥，在腫瘤、肝病、心腦血管病、鎮痛、呼吸系統用藥、骨科疾病等多個極具潛力的醫療領域處於優勢地位。

醫藥、生物科技行業本身是較好賺的行業，但同時行業有一定的風險，是這個行業的特性。不過，投資者都可以較有技巧地選一些風險相對不太高的股票，同時較有優勢的企業，以下有四大要點：

第一，投資已有收入及盈利的藥企。

現時港交所容許一些未有收入的生物科技公司申請上市，這些企業的股票編號最後面，會加上「B」字，以供投資者識別。這類未有收入的公司，一般都處於研發產品的階段，透過市場集資去發展。由於研發的產品不一定能成功，因此這類企業有較大風險，當然，若研發成功可以有很大利潤，所以這類企業有危有機。

投資者如果想找較穩健的藥企，應該避免投資上述所講未有收入的公司。而中生製藥已經有理想收入及盈利，因此穩健度較高。

第二，投資者宜選一些現金流較強的企業。

醫藥企業要持續大量投資，動用的資金可以很大，同時研究是否成功，何時成功，都有未知數，如果沒有持續的現金流去支持企業研發，企業成功機會較低。

相反，中生製藥這公司，過往的經營活動現金流，均處於正數狀態，是理想而持續的現金流，除了反映現時生意現金流理想之外，同時為企業帶來持續發展的資金，長遠發展當然正面。

第三，投資者宜選已有多個成功產品的企業。

有些醫藥企業只集中在一個藥品，如果該藥成功的話，企業股價會大升；相反該藥失敗的話，企業股價會大跌。

作為投資者，我們不是賭一隻藥是否成功，而是投資一個優質的商業系統。如果一間企業擁有多隻藥物，風險就較低，同時現金流穩定性就較強。由於中生製藥擁有多隻已成功的藥，並不斷利用這些藥賺到的資金進行再投資，整個營運模式較理想。

第四，投資較有研發能力的企業。

投資者可選一些投入研發資金比例相對較高的企業，這類企業管理層重視發展，著重企業成長。

同時，投資者要分析，企業過往研發資金的投入，以及投入後的成果，是否有新藥物成功研發，是否能為企業帶來持續的收入增長。

中生製藥在研發資金投入的比例，處於全行業較前排的位置，同時在過往的成功藥物，以及確實的收入增長，都見到企業這方面做得不錯，加上現時的投入資金仍持續，可見企業仍有成長空間。

089 中國鐵建為何市盈率很低？

你好龔成，我最近留意中國鐵建（1186），有一帶一路概念，請問你認為它是優質股嗎？我見它的市盈率經常很低，好像很吸引，你的意見如何？

中國鐵建（1186）業務以鐵路及交通相關工程為主，包括：高原鐵路、高速鐵路、高速公路、橋樑、隧道和城市軌道交通工程設計及建設。

業務地區包括中國，以及中國以外地區，工程承包業務是這企業的核心業務，例如：基礎設施建設、鐵路、公路等。

這企業的發展不過不失，但增長力及賺錢能力都比過往有所減少。從一些財務數據，例如：資產回報率、股本回報率、EBITDA利潤率等，都見到這企業的長期財務數據有轉弱情況，反映企業現時每個項目的賺錢能力，不及過往年代，企業質素因而下跌，而市場估值都會因此而減少。

這股的整體質素算是中等，發展力比過往有所減弱，這類股票不是不可投資，但就不值得投資太多資金。

至於市盈率較低，並不一定代表吸引的。

第一，每一間企業，每一個行業，都會有其合理的市盈率。雖然數字愈低一般代表愈便宜，但在實質操作時，先要了解每個行業及企業自身的情況。

第二，當一個行業、一間企業的發展前景不及過往年代，賺錢能力減弱，市場就有可能將其合理市盈率的估值調低，投資者要小心解讀數字背後的意思。

第三，近年一帶一路的發展力，並不及之前所預期，部分國家的工程都減少了，這企業的長遠生意都會因此受影響，同時每項工程的賺錢能力都有可能因此而受壓。

第四，當投資者分析企業時，要了解生意的持續性，例如：一些從事零售行業、飲食行業，只要大環境無太大變化，生意往往會持續。但若然企業從事工程，投資者就要了解生意持續性的因素，若果一個國家該類建設最大規模發展的時期已過，企業生意可持續發展能力就會轉弱。

在中國鐵路最大規模建設時期已過，以及一帶一路國家對中國興建鐵路的需求下降、未必及預期的情況下，這企業自然受影響。

若投資者見到這企業的市盈率，長期處於很低水平，反映市場認為這企業面對上述因素，只是值這個市盈率，因此，並不代表特別便宜（情況與內銀股一樣，長期低市盈率背後是有原因的）。

090 分析平安保險並不易

老師你好，我是你股票班的學生，我在分析中國平安保險（2318），有幾個問題想請教。

1）你曾說壽險企業有兩種賺錢模式，其實是怎樣？

2）想問中國平安這類綜合金融行業，我們看它的年報除了要看基本面、業務等方面，還有甚麼特別需要注意？損益表及財務狀況怎樣分析？財務比率是否較獨有？

3）怎樣做估值，你的基礎股票班所教的估值方法適合嗎？

4）中國平安有質素嗎？

1）人壽保險公司，最基本的業務就是壽險業務，透過出售保單，去持續收取客戶的保費，若客戶身故就會作出賠償。由於保險公司的客戶量夠大，因此能夠用數學機會率，以及人口年齡平均數等資料，去計算保費、賠償金額等，令保險公司風險可控，同時得到較穩定的利潤。

「壽險業務」就是人壽保險公司最基本業務，同時，保險公司會利用資金，去創造「投資收益」。

當客戶不斷支付保險時，保險公司就收取了大量現金，在正式賠償前的時間，保險公司就會將這些資金（稱為浮存金），用作投資。雖然保險公司會將大部分資金，投資於較低風險的工具，令回報不會太高，但由於資金數目龐大，因此對保險公司每年的盈利，以及資產質素，都會有一定的影響。投資者在分析時，要將這兩部分分開進行分析。

2）中國平安（2318）要分析並不容易，因為有多個業務，除了人壽保險、健康保險、財產保險業務外，更有銀行業務，又有投資部分，令整個集團的分析變得更為複雜。

投資者分析時，可先集中貢獻較多的業務去分析，例如在分析損益表時，會先了解收入結構的組成，盈利結構的組成，以平保的收入結構來說，「已賺保費」的貢獻比例最多，其次是「銀行業務利息收入」及「投資收益」。另外，投資者可在企業年報的附註部分，找到盈利結構的分類，可見到保險業務盈利貢獻最大，由於保險業務貢獻較大，投資者可以先分析這部分。

至於資產負債表，分析同樣不易，如果你是初學者，就不要勉強分析，可以先分析其他企業學習，日後再分析這企業。若然要簡單分析，可以集中了解資產負債表中，金額最大的3-5個項目，去了解這企業的結構，有需要可閱讀附註。

財務比率方面，保險企業是較獨特的行業，只能同行業去比較，並不能跨行業比較，同時，有不少財務比率是針對保險業的，因此要以這些比率作分析。

3）股票基礎班所教的估值方法，適合大部分企業，但只是一些入門的企業估值方法。

要留意，企業估值其實只是一個概念，並沒有絕對的答案，不同的估值方法如同以不同角度去計算企業值多少錢，角度愈多當然愈立體，同時，用不同的方法針對不同類別的企業，往往會較為適用。

保險公司由於較為獨特，因此在估值上都會用針對保險企業的方法，例如「市涵率估值法」、「市評率估值法」等，都是進階股票班才會教授的。至於基礎班所教的估值方法，如果運用在保險企業，不是不可，但就可視為一個輔助角色。

4）中國平安都算有質素，這企業有規模，有品牌，發展算是不差，加上中國的人壽保險滲透率仍低過外國一段距離，因此市場仍有增長力，長遠正面。

但要留意，企業近年增長力略減，同時由於將資產投放於投資市場，因此當投資市場波動、以及當中的資產質素轉差時，就會對這企業的股價造成影響。

091 比較房託的技巧

龔成你好，我是你的忠實讀者，想請教越秀房產信託基金（0405）、置富產業信託（0778）、領展房產基金（0823）、富豪產業信託（1881）要怎樣比較？如果想要穩定股息，應該選哪一隻？

投資房託原理如同買樓收租，房託就是持有物業組合收租，將租金減去營運開支後，餘下要將九成用作派息，因此，持有房託得到的股息，如同是收租回報一樣。

當我們比較時，要考慮房託持有哪些物業、類別、位置、租客、定位、租金回報等因素。

越秀房產信託基金（0405）持有中國的物業，包括寫字樓、零售商場、批發、酒店，有位於廣州的多項商用物業，及位於上海一項商用物業。由於商業因素較多，會較受中國經濟影響，同時有人民幣波動的風險。

置富產業信託（0778）持有在香港多個商場物業，以中產屋苑商場為主，都是較為民生的一類。雖然民生商場不是呎租最貴的商場，但相對較少受經濟週期及旅遊因素影響，因此從穩定性來說會較好。

領展房產基金（0823）持有多個香港商場物業，更有投資海外及中國物業。以香港商場及停車場貢獻佔比較多，不少商場都是民生類別。

富豪產業信託（1881）持有的物業屬於酒店類，四間在香港島，兩間在九龍，一間在沙田，一間在香港國際機場，整體來說不過不失，位置與質素都不算差。但由於酒店較受經濟與旅遊業影響，因此風險程度較高，股價與股息的變化都較大。

綜合來說，富豪的風險最高，而越秀都有一些風險，因此如果你想追求穩定股息，這兩隻房託未必最適合你。

至於置富及領展，兩間公司持有的物業組合，核心都是一些民生類商場，租金較穩定，因此較適合你。其實上述四隻房託都有質素的，但如果考慮穩定性，置富及領展較好。

如果要在這兩隻房託再進行二選一，你可以考慮置富。因為置富的租金更為穩定，而領展在定位上，有些進取，例如領展會買入及賣出商場，會收購物業翻新後出租。雖然這些都是長遠提高房託及租金的方法，但同時提高了房託的風險程度，因此從穩健角度來說，置富相對較好。

092 用資產價值計算騰訊？

龔Sir你好！請問如何計算企業價值呢？以騰訊為例，用每股賬面值去看，其實不足$100，但現時股價就是幾倍以上。用幾倍價錢去買它，是否當中包括了很多市場情緒和對未來憧憬的估算？想請教你通常如何去量化？

你上述考慮的價值是「賬面值」，只是企業的「資產價值」，這是衡量企業平貴的其中一個方法，但不是唯一的方法，同時，並不是所有企業都適用的。

簡單來說，一間企業的價值，由「資產價值」與「業務價值」配合組成，你只是考慮了其中一個方向。

所謂的賬面值，就是企業在會計上的價值，將資產減去負債就是賬面值，一間企業擁有不同的資產、機器、設備、廠房、專利、物業、存貨、現金等，有些資產如現金，賬面上顯示多少價值就是這個價值，但有些資產，例如設備、專利，賬面顯示的只是一個會計價值，與真正值多少價值，可以有很大距離。

因此，當投資者用賬面值作為企業估值的方向時，要小心解讀賬面值背後的意義。如果一間企業持有的資產，多數是市場價值不高的資產項目，賬面值的參考價值就會較少。

騰訊（0700）提供社交及通訊平台、網絡遊戲、金融科技等，這些業務都要有一定的資產設備等去支持營運，沒有資產就無法營運，但最大問題是，賬面值顯示出資產會計上的價值，是否能反映其經濟價值？或市場價值？

另外，企業值多少錢，就單單是這些資產會計上的價值，還是企業能憑資產創造出附加值？

同時，騰訊多年來不斷投資多間科網企業，這些投資，佔了騰訊資產相當的份額，對賬面值有一定的影響，部分並不是上市公司，這些資產要量化值多少錢，並不容易。加上騰訊投資這些公司，並不只是擁有這公司現時的價值，而是長遠發展，甚至與騰訊產生合作，為騰訊產生附加值。

上述提及了騰訊有兩類資產，一是本身經營上需要的資產，二是投資公司的資產。投資者除了考慮這些資產本身的性質及價值外，更重要的考慮因素，就是利用資產創造盈利的能力。

舉例說，一間公司用$1億投資設備，如果市場認為這公司只值$1億，反映企業的質素不算很高，企業價值只是這些設備的價值，並沒有創造到新價值。相反，如果投資這些設備後，企業之後創造不止$1億的利潤，市場認為投資這些設備能為企業帶來附加的價值，企業價值就不止$1億。

當中的原因，就是市場衡量一間企業的價值時，除了資產價值，亦要考慮業務價值。所謂的業務價值，就是衡量企業的生意、盈利、現金流、發展、營運模式、獨特性、賺錢能力等，從而決定企業值多少錢。

有些企業是因為市場大環境而有所增長，與資產及盈利無太大關係，市場就會較著重企業的長遠發展力，即是業務價值，多於擁有多少資產。

若你不明白上述講解，我嘗試再簡單解釋。

有些企業發展及盈利與資產有一定的相關性，有些企業則無太大相關性，若然是後者，當企業擁有基本的資產營運後，長遠發展較受大環境影響，而不是有多少資產影響，這樣，計算企業價值時，資產價值的參考度就較低。

例如一個公共事業企業，投資$1億興建一個設施，每年能為為企業帶來$1,000萬的利潤；如果再用多$1億興建另一設施，企業每年利潤增至$2,000萬，企業資產與盈利相關性高，市場會考慮資產的價值。

相反，騰訊這類以網絡為主的企業，如果想提高盈利水平，並不是單靠投資資產就能做到，要有市場，要有新業務發展，要開發新市場，要創造延伸收入。當一間企業，其盈利及長遠發展，與擁有多少資產無太大關係時，市場就不會太著重資產價值，而較著重業務價值。

一些較有增長力，前景較為看好的企業，市場會著重將來的價值，多過現時資產的價值，當考慮業務價值時，就會有較大比重在將來業務與財務數據的估算上。

上述只是方向，要具體計算一間企業的價值，要考慮企業的生意、盈利、現金流、資產、負債等財務數據，同時要比較行業，考慮這企業的經營情況，之後的環境又會如何，計算時要配合企業的發展，以及大環境的分析，將來情況的預估，這些都是計算的基礎。由於過程比較複雜，較難在這裡三言兩語表述到，就算在我的股票基礎班，都要講述5小時，同學才有基本的掌握。上述算是給你入門的方向。

093 利潤協議對港燈的利弊

龔成你好！我現在持有港燈（2638）收息，2019年開始，准許回報率降至8%，是否長遠股息減少？投資價值都會減少？

在香港經營電力業務的中電（0002）、港燈（2638），都受政府的利潤管制協議影響，限制了電力公司回報的上限，以此來控制電費。

過往的准許回報為9.99%，到期後，兩電分別於2018年、2019年開始了新一份利潤管制協議，新的准許回報為8%，計算方法以電力公司擁有的固定資產平均淨值，乘以8%去計算。

表面上，的確會影響兩電的賺錢能力，亦影響派息。以港燈來說，於舊協議年度，港燈的每股股息為$0.4，但在新協議生效的第一年，每股股息跌至$0.32，反映企業盈利下跌，令派息下跌。

但在長遠上，港燈其實有方法將盈利與股息提升的。

首先，協議的計算方法以「固定資產」計算，只要增加資本開支，不斷投資固定資產（當然要政府認可），當這個基數增大，根據協議公式乘出來的利潤，就能增大。兩電在新協議生效後，都表明會加大資本開支，目的就是提高長遠的盈利數目。

同時，兩電可以運用借貸，以息差原理將股本回報率提高。

這亦是港燈持有大量負債的原因，港燈的平均融資成本不足3%，但保證回報8%，只要利用借貸去加大資產，就能創造額外的5%回報。例如增加借貸$100億，融資成本為$3億，將資金投資固定資產得到8%即$8億回報，就能產生淨利潤$5億。

簡單來說，在新協議生效初期，回報的確會比過往減少，股息都會減少，但之後憑加大資產，就能慢慢提高利潤，令盈利與股息增加。因此，港燈的長遠投資價值仍在，股息亦會慢慢提高。

094 投資完美醫療的最佳時機

老師你好，我看你的《50優質潛力股》，在2020年版加入了完美醫療（1830），而你說觀察這股已有幾年，為何在2020年才加入？你是如何找到這股票？

我見你說自己2020年才投資這股。其實我很想請教你時機把握的問題，因為我經常高追股票，但見你買入次次都掌握得不錯，想多了解你買入時背後的思路。有沒有一些簡單的方法？

不如我詳細解釋我的選股及投資過程。

我利用各種選股方法投資港股及美股，以港股來說，我在全港2,000間上市公司，找出一些基本符合優質股原則的企業，然後再進行全面的企業分析。就算過往我在打工的時期，都會抽空閒時間去分析，每星期一間企業，每次要花約6小時。

完成分析後，就會將真正的優質企業，詳細記下企業資料、質素、估值，成為可投資名單，之後就是等機會。因為可投資不代表立刻投資，仍要等一個理想時機才正式投資，當名單上的股票愈多，就能愈有耐性同時等不同股票的股價跌至合適時機才買入。

等待時機，一般會配合大市的貪婪與恐慌逆向進行，同時會考慮企業價值的平貴。如果你未有計算企業價值的能力，有一個更簡單方法，我自己都會經常用的：

「當企業面對短期不利而股價大跌，但這問題長遠能解決時，就是理想的投資時機。」

我先從完美醫療（1830）的基本面講述。

完美醫療是一間醫學美容的服務供應商，提供纖體療程、醫學美容療程。在中國、香港及澳門經營數十間分店，並針對中高檔客戶，業務主要以「Perfect Medical」品牌經營。

我看好這企業有幾個原因：

第一，擁有很大的銷售網絡，其銷售網絡十分完善，能有效吸引到顧客。

第二，業務不斷擴張，從過往的營業額數據，會見到這企業的生意增長理想。

第三，行業賺錢能力高，女性市場一向是較為好賺的行業，加上其定位中高檔，以及發展醫學美容，都是一些賺錢能力較高的類別。

第四，企業的財務數據理想，過往無論是好壞經濟週期，這企業的生意都不會太差，分析其財務報表，見到其現金流十分強勁。

第五，擁有資源，企業比起競爭對手，有較多資源去投資新的美容儀器，成為吸引顧客的一大賣點，擁有對手未必有的競爭優勢。

第六，管理層希望企業不斷發展，無論是中國或海外市場，管理層表示仍會擴充業務，企業長遠發展正面。

基於上述的因素，確定這股有質素及長遠發展，是可投資的股票。下一步，就是等待買入時機。

其實這企業已留意了幾年，直至2020年，我自己才正式投資，最大原因是「疫情」。

2020年肺炎疫情在全球持續擴散，對美容業的打擊十分巨大，這股的股價亦大跌。投資者要分析，疫情對企業的影響是中短期，還是長期，如果對企業長期不利，就不值得投資。

相反，若果疫情對企業的影響只是中短期，預期3年內會解決，企業之後會回復正常，就是難得的投資機會。在2020年初，疫情來勢洶洶，市場處於恐慌期，但細心分析，疫情一定會過去，疫苗遲早會面世，企業總會回到正常狀態。

當明白這點後，投資者只要以長線投資角度，買入企業耐心等疫情過去、經濟好轉、行業回復至正常狀態。當現時股價大跌就買入，到正常時期股價會大升，就會明白當時是難得的投資時機（留意，買入後短期股價仍可能會下跌，只是從長遠角度，這是很好的投資時機）。

基於這因素，2020年初開始投資這股，其後，見到這企業面對疫情，仍能有正現金流，反映這企業絕不簡單，日後疫情過後將更加強大，令我增持這股，並長線持有。

簡單來說，你先要確認一隻股票是否優質股，同時，要耐心等待時機，當出現「短期不利因素，令股價大跌，而長遠能解決的情況」，就是絕佳的投資時機。

095 曾經風光的利豐

阿Sir，想問你一些本質上的問題。你如何看待利豐這一隻曾經風光一時的藍籌股，然後股價跌了10年，由$20以上跌至只有$1，最後還私有化？這個例子是否反映長線投資不一定成功？我們如何避開這類公司？

我建議投資者「投資優質企業長線持有」，當中有兩大重點：「優質企業」及「長線持有」。

所謂的優質企業，一定要持續檢視其優質程度，如果企業的優質度正減少，由優質變成非優質，投資者就要「賣出」。

我們的確以「長線投資」作為大方向，但前提是優質度保持，如果企業出現核心性改變，賺錢能力不及過往年代，大環境轉變等，投資者無論當刻賺蝕，都要賣出。要確保組合內的股票，都是質素較好的股票。

利豐（前上市編號：0494）過往的確很風光，有一定的賺錢能力，更是恒生指數成份股，但投資者一定要有「持續檢視」企業的習慣，企業核心因素轉差時，就要理性處理，不能因為過往是大藍籌就一直持有，更不能因見到股價由$20跌到$1就以為便宜，因為跌得多與平貴無關，因為企業價值可以減少的。

利豐做採購，過往以中間人自居，當網絡不斷發展，網購不斷盛行時，這企業面對一個不利的大環境。

投資者可以從兩大因素中，分析到這企業的質素與投資價值不斷下跌：「財務數據」及「大環境」。

若果投資者分析利豐過往的年報，會發現營業額出現持續下跌的情況，盈利不停減少，賺錢能力持續減弱，這不只是1、2年，而是多年如此，亦不是週期性問題，不是特殊因素影響，而是一個持續性情況。只要投資者細心閱讀多年的年報，已經能發現到這情況，一間賺錢能力持續減弱的企業，投資價值當然不高。

除了從財務數據入手外，投資者要同時對大環境作出分析，利豐的強項是採購，作為一個中間人，幫很多商家找到價廉物美的來貨、所需的原料、設備等，但當網購發展，商家能自己找到相關供應時，中間人的角色就會淡化。企業就會處於不利位置，當投資者見到這情況持續，網購發展是不能逆轉的市場趨勢，同時看不到利豐有核心性改變，就能推斷利豐的情況只會更差，企業價值將會向下，股價將會向下。

投資者將「財務數據」、「大環境」配合分析，就能推斷到這企業的投資價值正在減少，從而避開這股票。

096 越秀房託受在家中工作影響？

龔老師我想問，越秀房託基金（0405）還可以入嗎？自從2020年的肺炎疫情，令在家中工作的情況大增，越秀仍有投資價值嗎？

這是一個好問題，當我們分析一個項目的投資價值，要從一些核心及長遠的因素去分析。

首先了解越秀房產信託基金（0405），這房託持有中國的物業，包括寫字樓、零售商場、批發、酒店，有多項位於廣州的商用物業，以及一項位於上海的商用物業。

當中的物業都有一定的質素，位置理想，而收入貢獻最多的是廣州國金，是很優質的物業，有相當高價值，長遠租金有平穩增值的能力。

但相比香港的房託，越秀房託租金變動會略為波動，因為中國經濟波動對其有較大影響，而酒店物業會比其他物業較為波動。

另外，由於房託的價值及租金收入均以人民幣計算，而最終將折算成港元股息，令房託價格及股息受這因素影響。

至於在家工作因素，近年的確加速了這概念發展，而越秀房託持有的物業，部分為寫字樓，的確會受這因素影響。

但在家工作的模式，始終不能完全取代辦公室工作。在2020年肺炎疫情最嚴重的時期，全球不少國家都鼓勵在家工作，不少公司都明白這模式的好與壞。雖然部分工作可以在家處理，但卻不能全面取代，辦公室總有當中的價值，一間公司的運作，是很難完全以在家工作模式去運作的。

加上不少老闆對於員工全面在家工作，總不會100%安心（我自己都是），因此，辦公室仍有存在的價值，有一定的需求，但增長力未必及得上過往年代。

整體來說，越秀房託持有的物業有質素，而在家工作不會對其造成核心性影響，但增長力會因此受限，以收息及基本增長角度來看，這房託有長線投資價值。

097 中銀香港質素較匯豐好

你好，本人今年55歲，有$200萬現金在手，近期銀行業好像有好轉，想買入中銀香港(2388)或匯豐(0005)去收息，哪一隻較好，可全部買入嗎？

第一，我們最重要是建立一個長期的「財富組合」，要優質，要平衡，要適合你的年齡與風險承受程度，同一行業不能太多，同一股票更不能太多。

如果你將一筆資金，全數集中在一隻股票，會有很高的集中風險，因此同一隻股票最好佔股票組合的15%以下。同理，若然過度集中在同一行業，會有行業集中風險，因此同一行業上限最好在30%。

因此，如果你有$200萬在手，應該建立更平衡的財富組合，除股票外，可同時考慮其他投資工具；而股票部分，都要建立一個平衡的股票組合。如果你的投資目的是收息，而你又不懂選股，就可以考慮收息基金，或收息ETF如恒生高股息基金(3110)去投資。

第二，你不能只以短期因素去分析，你表示「近期銀行業好像有好轉，因此投資銀行股」，這是一個短期的分析。

我們分析時，要以行業及企業的核心因素、長期因素作分析。銀行業最

好賺的年代已經過去。由於金融系統性風險、銷售產品的能力轉弱、息差因素、罰款與監管問題，令銀行業現時的賺錢能力不及過往年代，增長力亦不強。

當然，銀行業不是沒有質素，但就要小心選股，同時明白賺錢能力、增長力不及從前，這些因素是長期性的。所以當我們進行財富配置時，銀行股不值得佔組合比例過多，適合就夠，同時明白其增長力不強。

至於匯豐（0005）與中銀香港（2388），匯豐的質素不及中銀香港，如果分析企業的財務數據，例如資產回報率（ROA）、股本回報率（ROE），以過往多年平均數去計算，就會見到匯豐的數據較中銀香港弱。另外，若果比較業務與盈利的穩定性，同樣看到中銀香港較好。

另外，匯豐的定位不明確，同時有中國及英國的背景，若出現一些政治事件，會對這銀行的處境較不利。中銀香港定位則較清晰，是一間中資銀行，母公司中行（3988）為國企。

雖然匯豐與中銀，都是香港的發鈔銀行，但擁有中資背景的中銀香港，地位一定較好。隨著中國金融市場逐步開放，人民幣不斷國際化，往後人民幣相關產品亦會不斷深化，長遠計中銀香港必能受惠。憑上述各項要點，已能推斷到中銀香港較有質素。

若果要二選一，中銀香港會較好，不過，如果你想建立一個組合，同時持有兩股都可以，但就要合共計算，這個行業佔你的組合比例不能過多，你今年55歲，可以投資這兩股的。

匯豐與中銀香港在正常的經營環境中，都有不錯的派息，本身質素不算差，是可考慮的收息股，匯豐股價增長力較弱，而中銀香港則有派息及平穩增長能力。

098 九巴業務穩定質素卻屬中等

你對載通國際（0062）有甚麼看法？它的現金流強，為何你說質素不算很高？

載通國際（0062）是香港及中國的公共運輸營運商，旗下附屬公司包括九龍巴士、龍運巴士，以及多家非專營運輸服務供應商。業務穩定，九巴是收入貢獻最大的業務。

另外，載通於香港擁有收租物業，包括一個商場、一座辦公大樓、一項工廈物業，部分原本是車廠。

以正常的經營環境計，載通的收入穩定，因為香港的巴士市場十分成熟，但增長空間卻有限，預期載通往後的收入平穩。

載通的業務穩定、收入穩定、現金流強，這都是加分位，反映企業有一定的質素，因此理論上不太差，但由於以下因素，令載通國際不能成為很高質的股票。

如果分析企業過往的營業額，載通過往的收入的確穩定，但增長力很低，多年來的收入無太大增長。而投資者分析時，要懂得將財務數據「意義化」，要解讀這些數字。如果你有留意九巴過往20年的車費，你會發

現車費無太大增長，甚至連基本通脹都追不上，這反映載通沒有太大的「成本轉嫁能力」，沒有「產品定價的能力」，因此質素不會很高。

另外，若分析載通的成本結構，油價成本佔了相當的比重，而過往油價十分波動，但載通卻無法將油價波動風險轉嫁給消費者，最終影響了自身盈利，令盈利變化增大。這不但反映企業沒有成本轉嫁能力之外，而且反映企業無法控制某些成本，增加了盈利的不確定性。種種因素，都反映這企業的營運模式，並非十分好，盈利有不確定性，賺錢能力不高。

因此，企業業務穩定及現金流強，是加分位；但成本因素，收入增長低、業務模式並非十分好、盈利變化風險大，始終都令這股的質素不能評價得太高。整體而言只算是中等。

「成本轉嫁能力」、「產品定價能力」是分析企業盈利變化的關鍵指標。

099 置富房託穩健度高

老師，想請問置富REITS（0778），為何你說這麼多房託中，它的穩健度是數一數二？

置富產業信託（0778）在香港持有十多個私人屋苑商場及車位。

屋苑商場未必是呎租最高的商場類別，但有一個很大的優勢，就是租金較為穩定，令這房託成為理想的收息房託。

首先簡介這房託，置富房託由長和系分拆出來，當中的物業位置分佈全港各區，這些商場都位於私人屋苑中，商舖以提供日常購物的需求為主，即是商場的顧客主要是該屋苑及當區的居民。貢獻最多的三個商場是：置富第一城、置富嘉湖、馬鞍山廣場，可見都是較為民生類別。

由於居民消費穩定，較少受外來因素及經濟週期影響，經濟波動、旅遊業波動，對其影響較少，令租金收入穩定，加上不少商場位置不算差，估值不低，出租率高，因此租金收入穩定。

房託的原理如同「買樓收租」，將租金收入減去營運支出，餘下就是營運上的利潤，規定要將90%以上用作派息。

當置富的租金收入穩定，受外來因素影響較少，股息自然穩定，加上市場會以股息率作為衡量房託平貴度的指標，令股價同樣穩定。所以置富是在港上市的房託中，穩健度較高，適合追求穩定股息的投資者。當然，由於加租幅度不算強，股價增長力也不算強。

100 細價股業務不穩宜賣出

老師你好，我想請問一隻細價股，易大宗（1733），這股我多年前買入，有跌無升，我應該止蝕嗎？謝謝。

我們持有一隻股票與否，關鍵位是企業質素、前景，不要被買入價影響。

買入價是你的賺蝕數目，只是一個心理因素。該企業長遠的發展，才是我們是否值得持有的重點。如果企業無質素，但你現時蝕錢中，繼續持有只會令你財富繼續貶值，就要賣出。

易大宗（1733）業務不穩，多年來的生意與盈利都不穩定，投資前要很小心分析。

這企業過往亦有玩財技，試過1供3，再20合1，之後再運用部分供股得來的資金，用作派發股息，令散戶以為這是高息股，但其實只是吸引散戶，是財技股的伎倆。

至於核數師報告顯示，該公司曾試過在2016年至2019年期間，出現核數師意見為「保留意見」，即是核數師對其賬目有所保留。雖然近年核數師意見回到正常狀態，但過往有多年出現這情況，投資者要格外留心。

由於這股的風險較大，同時不見得很有投資價值，因此建議你賣出。

一旦企業的核數師報告顯示「核數師保留意見」，投資者便要警惕，該公司或會有不少「財技股的伎倆」。

101 比較個股核心因素

龔成老師你好，想問你一些股票比較的問題，以下股票2選1，應該怎樣選？

1）港鐵（0066）與九巴

港鐵有較多事故及項目延期、超支，應該九巴質素較好，但見你只推介港鐵，為甚麼？

而以下亦有幾隻股票，我見你會選比亞迪、雅生活、龍源電力，為甚麼？可否講述一下，核心分析點是甚麼？

2）比亞迪（1211）與Tesla（TSLA）

3）雅生活服務（3319）與雅居樂集團（3383）

4）龍源電力（0916）與中國電力（2380）

1）投資者分析一間企業時，要考慮很多因素，一間企業最核心的價值，就是業務價值與資產價值。當這企業的賺錢能力強，價值就自然高。你以消費者、用家的角度分析，是其中一個方法，但絕對不是唯一角度，投資者應該要更加立體地去分析。

若分析港鐵（0066）多年的財務數據，會見到港鐵每年都收入理想，並能賺取大額利潤。雖然有一些營運上問題，但年年賺大錢，投資者就要找出答案。

其中一個原因，就是港鐵就算有事故，只要問題不算太大，市民之後都會照樣乘搭，加上港鐵有地產方面的收益，令整間企業的賺錢能力強。

另一點就是「九巴的加價能力不及港鐵」。作為小市民，港鐵長年以來加價較多，當然令用家不滿，但作為投資者，就明白港鐵有「成本轉嫁的能力」，反映其優質度較高。

2）比亞迪（1211）與Tesla（TSLA）都是有質素，有潛力的企業，由於同處電動車行業，而這行業的前景均正面，因此，兩隻都有長線投資價值。比亞迪在中國電動車市場、公共交通工具、電池技術方面較強，而Tesla則在外國的電動車市場較強，因此各有優勢。

比亞迪我投資了超過10年，選這股而不選Tesla，是由於過往比亞迪的財務數據較Tesla理想，比亞迪在過往多年，一直都有手機電池、傳統車等業務，為這企業帶來持續的正現金流。相反，Tesla在過往處於負現金流狀態，要不斷靠市場集資進行研發，到近年才有正現金流。

投資者選股，選現時已有賺錢業務，有正現金流的企業，會比較穩健，風險度也較低。

相反，Tesla過往未有正現金流，風險度會較高。但這類企業，若果能夠由負現金流轉為正現金流，股價的上升幅度可以十分驚人，因此，投資者選擇哪一隻，其中一個因素就是本身的風險承受能力。

3）雅生活服務（3319）與雅居樂集團（3383）都有質素的，雅生活從事物業管理，雅居樂是雅生活的母公司，在國內從事地產發展。

雅生活的質素較好：第一，負債比率比雅居樂較理想，財務情況健康；第二，現金流較穩定及強勁，從事物業管理，當爭取到該屋苑或大廈的合約後，每月就能持續收管理費，只要服務質素不太差，合約都會一直持續，生意穩定，現金流強勁，這是物管行業的優勢；第三，雅生活近年正不斷發展，除了母公司的物業外，亦爭取其他屋苑生意，以及透過收購同業進行擴張。加上中國的物管市場仍有發展空間，因此長遠前景仍是正面。

4）龍源電力（0916）與中國電力（2380）都有質素的。龍源電力的核心業務是風力發電，中國電力過往的核心業務為火力發電，近年則加強新能源比例，如水力、風力、光伏等發電模式。

由於中央的政策，較支持新能源發展，例如風力、光伏發電；相反，傳統能源如火力發電則沒有特別支持。令新能源相關企業擁有更好的經營環境及長遠發展。

因此，龍源電力過往一向都受惠政策，潛力度較高，但由於市場有時會熱炒新能源股，因此股價會較為波動。

至於中國電力，由於近年加強新能源發展，因此盈利由平穩轉為有增長，發展力增加，股價增長力比過往好，當然波動性會比過往高。整體來說，龍源潛力度較高，但風險略高，而中國電力比龍源穩定，而增長力及風險度比過往略有提高。

06
人生規劃

102 沒希望的人生，如何改寫命運？

老師，我父母在我一歲的時候已離世了。我目前月入$14,000，負債28萬，月還$12,000。

我的生活就是：睡在麥記，平日公司包伙食，放假食飯就要靠自己，平時沖涼也只是用濕毛巾抹身。

我的工作：我的公司是賣海鮮為主，直接從外地運送海鮮到香港賣，平日負責運送等雜務。

我這種人生，還有希望嗎？

個案重點：

- **月入$14,000**
- **月還$12,000**
- **負債$28萬**
- **睡麥記、公司包伙食**

重點目標：

- **如何改變命運**

我很同情你的背景，相信你過往所經歷的，我無法真正體會。但我仍然覺得，如果我是你，我會盡一切方法，改變命運！

有些事情，我們的確無法改變，我們不明白上天有這個安排，不明白自己為何有這些經歷，如果這些已成事實，唯一能改變的，就是我們的心態，就是怎樣改變日後的情況。

一個月只花$2,000的生活，我都試過，我當然明白你的背景情況，但我都想分享我的想法，我都試過過一些低收入的生活，當時令我有動力的，就是相信我將來「一定會做到有錢人」。我知道你的生活不易過，但如果我是你，我會以「改善生活」作為推動力。

你可以嘗試定下一些目標，這些目標不用太誇張，但希望你都可以做得到。

如果你沒有目標，每天這樣過，你就不會有進步，生命不會有改變，不要停留在抱怨或負面的狀態，而是想想，怎樣令人生下半場，變得不一樣！

我相信你此刻要做的，就是集中還錢，完成後再定下其他財務目標。同時，保持增值自己，到圖書館閱讀是不需花錢的，但會對你有很大影響，我過往都是這樣。

另外，長遠要思考現時的工作，對你是否有前途，是否要轉工。你要想想，5年後、10年後，是否仍停留在這份工作，還是有突破？是否過現時的生活，還是過你理想的生活？

每個人的情況不同，沒有一個人是完美的，但我們可以盡力做好自己，完成自己想要的目標。

有些人會因為背景不佳，此刻環境不好，而變得消極，認為自己「我只是如此」。但亦有些人，同樣背景、環境不好，卻變得更積極，對自己說「我一定要改變命運」。

很多人以為是環境問題，但其實是心態問題。我希望你能改變心態，我希望你相信自己可以改變命運。我真心對你說這番話，是認真想幫到你，都希望你認真幫自己！加油！

103「為讀而讀」好嗎？

大師，你一直是我追隨的榜樣，因為你的思路和人生方向都令我好佩服！

我想請教你工作前途上的問題，我26歲，現職3年公務員。其實自己一直不享受這份工作，但因為薪金及家庭經濟狀況（正在供樓同供養母親），所以繼續做這份工作。

其實這三年間，自己內心有很多掙扎，曾想過辭職，但因為自己學歷本來不高，要再找到差不多薪水的工作非常困難。

龔成大師，最近我有個想法，就是想繼續讀書，希望可以有個學位幫助自己未來發展，但現時如果要讀，需要3年時間，而且學費都頗高，自己半工讀的話又信心不足。

龔成大師可否給我一些意見或鼓勵？

個案重點：

- 26歲
- 不享受現時工作
- 轉其他工作收入較少
- 有負擔

重點目標：

- 想半工讀一個大學學位
- 將來有更好發展

首先，你要好好想清楚，這行業是否適合自己，你要想得全面一些，就算你現時公務員的部門，都可能有不同職位，當中可能有適合你的，我不想你太快否定，而是想想更多可能性。

另外，每份工作都有好與壞，你可以嘗試發掘這工作好的一面，嘗試享受工作，用另一個角度感受。

如果你想清楚，都發覺這工作不適合自己，先再想下一步怎樣做。

我不太建議你再讀書：第一， 三年時間太長了，如果你用這些時間去學其他知識，或轉去其他行業由低做起，用三年時間去進修或得到更多行業相關知識，相信會有更好的效果。你甚至可以用這些時間去做小生意，可能有突破（很多事情，我們不做是不知有怎樣的結果）。又或學一些更專業的知識（不是為讀而讀），令你在三年內成為某方面的專家，現時大學生太多，如果你無獨特性，只持有一個普通學位，作用不大。

第二，修讀一個學位需要一定的資金，若然你本身資金不多，要思考投入這筆資金去讀書，是否值得，還是將資金投放到進修其他更實用的知識，甚至用作投資、做小生意，可能有更好的效果。

第三，讀完後是否有適合你的職位？是否適合你長遠發展？我相信你這刻仍不知道。如果你有明確方向，知道自己日後想發展哪個行業而去讀相關課程，我認為值得讀，但如果「為讀而讀」，只為了所謂的學位，我就不建議。

這刻你最重要的，就是思考人生大方向、長遠的發展、現時的職位是否不適合、自己的興趣是甚麼、長遠想發展哪一個行業等等。有了大方向後，才決定怎樣行這條路，到時再想是否進修相關行業的課程。

104 勇敢跳出舒適圈

龔成老師，我持續看你的Facebook專頁有多個月了，上年也完成了好幾個人生的關鍵。你眾多短片之中，其中一條是叫人大膽跳出去，我感到有一種，對於未敢跳出安全區的人，恨鐵不成鋼的感覺，也對我有當頭棒喝的作用！

回到正題：
本人今年34歲，已婚，不打算生育。現居住在村屋，已經供斷。現有存款約$25萬，當中流動現金$20萬。這筆流動現金是必需的，好讓太太安心，決不作任何投資用途。

前景：
我在公司已工作多年，我會形容為半生不死，不會差到沒法生存，但也不會富有。平日工作量很大，時常加班沒補貼。

憂慮：
萬一我在公司失去了價值，那便很難在市場上找到相近待遇的工作。

十年希望：
我跟太太承諾二人共同努力，十年內再買第二層樓收租（如果不投資，十年儲蓄約$400萬左右，看似可見的未來）。但本人更希望可以跟太太成為你常說的財務自由人。

下一步：
我在大學時修讀的只是一些非專業學科，但自己對電腦有很大興趣。

我有3個方向，但不知道哪一個最好，請老師分享一下意見：

1. **報讀一些專科，如：護士、職業治療師等專業資格。我已經報名試過4年，但連面試的機會都沒有（我已經死心，但太太還是很想我做同類工作）。**

2. **發展代購模式的副業，想利用國內人士（認識一些國內朋友，但交情不深）強大的購買力去做一些代購或代理工作。但我們夫婦二人都是平淡的人，平日用的是性價比高的物品，而且很慳家沒潮流感覺。結果只停留於空想和討論階段，後來也就不了了之。**

3. **報讀電腦課程，編寫遊戲程式，利用遊戲內的廣告賺錢，又或轉行進入IT界。**

另外，根據以上情況，我有$5 萬本金，可投資哪些股票來收息呢？

個案重點：

- 34歲
- 已婚，不打算生小朋友
- 工作穩定無突破
- 工作量大

重點目標：

- 10年後買第二層樓
- 財務自由
- 長遠有更好事業發展

我的確對未敢跳出安全區的人，有「恨鐵不成鋼」的感覺。因為我很明白，只要踏出第一步，其實很多事情都能做到，只是一般人選擇放棄！

先講述資金分配，$20萬我認為不要動用，而那$5萬則等待機會，跌市才入市。因為這數目不算大，與其現時入市，不如等機會有較大回報才投資。

由於你都想有財富增值，因此，最好利用你每月可儲的錢作投資。你沒有負擔，其實可以進取一點，我不建議你這年齡買收息股，你可以將你每月儲到的資金，50%-70%做月供股票，潛力類別可佔較多，只要每月進行，你的風險會較少，長期月供就可以。如果你承受風險能力很低，才月供較多平穩增長型的股票。

你可以月供一些本身有質素，同時有潛力的股票，當中可考慮：安碩恒生科技ETF（3067）、阿里（9988）、騰訊（0700）、港交所（0388）、舜宇光學（2382）、小米（1810）、GX中國電車基金（2845）、中生製藥（1177）、三星FANG ETF（2814）。如果有投資美股則可考慮追蹤納指的QQQ。

你一邊儲現金，一邊月供上述潛力股，利用這方法，目標7-10年滾存到第二層樓的首期，到資金足夠後，同時樓市在合理水平的時候，才入市買第二層樓，這動作不用急，也不是必然進行，總之你這刻按上述方法令財富增值，日後才決定是否買第二層樓。

至於事業發展方面，你這刻仍算年輕，加上無負擔，其實可多作不同的嘗試，做人不是單單在無興趣的地方工作。但同時也看得出，你及太太都是穩定的人，要全面突破較難，因此要一下子跳出去，做完全不相關的職業，放棄現時工作，你未必做到，反而可以用一些平衡的方法。

我認為你對電腦有興趣，這是一個方向。我建議你一邊繼續做現時的工作，一邊利用少許時間，去學電腦，用電腦創業。我相信這是一個突破方向。因此我建議方案3。

你不需要太仔細地制定計劃，你只需要行動，一邊進行，一邊再想如何發展，一邊調整計劃，反正我不會叫你這一刻辭工，只想你嘗試將興趣發展成另一個事業，多想想各種可能性。

電腦的範疇很多，其實你都可以試，了解一下自己喜歡哪一類，哪一類較有機會發展成事業。當你不斷嘗試，就會知市場需要哪些類別，以及自己適合哪些類別，就知道哪邊方向較好。因此，我建議你有關電腦各類別的項目都可以嘗試。

如果你能辭職跳出去，當然有最大的突破，但可能會有風險，以及你自己心理上壓力較大。因此，一邊保持現有工作，一邊嘗試電腦類別的發展，是較適合你的方案。

105 年輕時應讀書去旅行還是投資？

老師，我想問下讀書和旅行應該趁年輕去做嗎？

一命二運三風水四積陰德五讀書，除了讀書，其他都是假的。有人認為趁年輕讀書，但如果我讀的書似乎對收入沒有幫助，而且會花數十萬及數年時間，那我還值得去做嗎？我是否要等到財務自由才回頭做想做的事呢？

我記得你說過把旅行的錢去投資，幾年後可以去多幾次旅行。但我覺得現在去，與幾年後去的心態又會截然不同，某些地方亦會轉變得很快，似乎有些事情不能用錢來衡量是否值得去做。

我自己也不知道將來會否因為儲錢而對沒做的事感到後悔，還是因為趁年輕做了想做的事情而無法達到財務自由而感到後悔。為此感到有多少煩惱。

我今年26歲，想讀建築設計學位，又想下年多去旅行，但資金不算多，面對抉擇問題。

個案重點：

・26歲
・資金不多

重點目標：

・想讀建築設計學位
・想花錢去旅行
・資金的有效運用

一命二運當然是廢話！

讀書是重要的，因為這是學習的重要途徑，是提高我們將來收入、將來價值的途徑，我們要有基本的教育，基本知識，基本的邏輯思維。

不過，這並不足夠，因為學校有很多更重要的知識不會教，例如：溝通、人際關係、管理、領導、理財、家庭、人生等，這些更重要的知識，學校不會教。所以，我們一定要自己主動學習。

學校所教的知識基本已足夠，反而社會上更實用的知識，對賺錢及事業有更具體作用，就更加重要。

從你上述言談間，我猜你想讀的學科，所需資金不少，同時與你現時工作或長遠事業發展，未必有很大的關係。我擔心你花了在事業上較黃金的時間，進行了不太相關的事情。

坦白講，部分學術知識，應用未必好大，對你事業發展未必有幫助；反而我上述所講的其他知識，更加重要。除非你很確定，你讀的知識，對你日後事業發展很有利，否則，你所花去的資金、時間去讀書，到頭來未必值得。

至於去旅行方面，時間和資金等因素的問題，我們要作出取捨，運用「先投資，後享受」的模式。

我23歲出來社會工作，將賺到的錢都用作投資，等到資金開始滾存，投資有基本的回報，到27歲，我才第一次正式搭飛機去旅行，我放棄了不少當刻的享受，目的是換取日後更大的享受，這亦是投資的概念：將資金投入到某些資產項目，耐心等資產增值，換取日後較大的回報。

你要取平衡，過份慳錢的確不是好事，但都要有基本的儲蓄，特別是年輕時，複息力量會很強，要好好利用。

我相信23歲去旅行，與27歲去旅行，身體機能並無分別。放棄短期享受，先投資，換取更大回報，絕對值得。相反，如果我年輕不去旅行，到70歲才去，而到時我的體能已不及現時情況，就算有再多的錢都無用。

因此，你要作出合理的取捨，如果有些享受過幾年才做對你無太大影響，就先將資金增值，日後才換取這些享受，又或者只將小部分資金去換取這些享受，較大的資金先用作投資。

另外，正是我明白「有些事情到老了才做，已經無太大意思」，我才逼自己要以最快速度，去獲得財務自由，讓我可以在年輕時，追求金錢以外的夢想。

我放棄了不少當刻的享受，目的是換取日後更大的享受，這亦是投資的概念。

106 落錯車求翻身

你好，龔老師。我浪費了人生20年！

2005年，我以低價$99萬賣出屯門自住單位（買入價$120萬），現在樓價$500萬以上，十分慘痛！

現在40歲，現金只有$40萬，之後甚麼都沒有了，請問如何好好運用這微薄的錢？

我每月收入約$20,000，交租約$6,000，希望盡快財務自由。我有打算月供股票，除此之外，還有甚麼意見可以給我嗎？

個案重點：

- 40歲
- 收入$20,000，交租$6,000
- 多年前賣出自住物業
- 現金$40萬

重點目標：

- 如何有效運用$40萬
- 想盡快財務自由

你不要停留在過往的事情上，很多人都會成日想「如果我當時如何如何，那就好了」，這其實無意思。

無人是完美的，每個人都會做錯決定，無人能在最高位

賣出股票，無人能在最低位買入股票，就算投資大師都會錯。最重要是之後做好財富配置就可以，而不是浪費時間停留在過去。

就算你不是在當時價位賣出單位，到單位上升到某個價位時，你都會賣出，很多人都是這樣的（單位升值就賣，以賺現金為第一考慮因素），因為你和一般人都無學過資產的概念，不明白現金與資產的分別。

簡單來說，你過往的行為，問題不在於「你錯誤的投資決定」，而是「你的財務知識不足」，因此作出這決定實屬正常，你要做的並不是後悔，而是面對自己的核心問題：「財務知識不足」。

有很多事情，想回頭根本是無意思的，絕對不要因此而不開心。這刻加倍努力，向前看，不要被這刻心態影響之後的發展。

首先講一些基本的物業知識，物業是土地衍生出來的資產項目，是財富其中一種形態，由於每個人都有自住需要，因此，如果日後你再置業，謹記自住樓不要賣，我們不是預測樓市走向，而是每個人都有自住需要，因此自住樓不可賣。

至於你日後是否要置業，就要視乎你資金的情況，首期是否足夠，以及供樓開支等情況，關鍵位並不是買入後樓價的升跌，而是你是否「供得起」。由於你現時資金不算多，這刻不用急於想置業問題，只需集中進行財富累積就夠。

財務自由並不能一下子做得到，要時間，要有知識，要計劃，要一步步建立，這刻先從基本功做起，好好運用資金。首要做好以下事情：

第一，提高你的財務知識，你長遠的財富，與你的財務知識成正比，因此要努力提升。

第二，好好利用$40萬，一部分可投資優質股，以你的年齡，可以選平穩增長股及部分潛力股，要分注買入，如果資金無特別用途，可以投資其中的$20萬。

第三，如果未有把握投資時機的能力，就以月供股票去進行，若然無選股能力，就投資一些指數基金。

最後，你40歲，事業仍可以再進一步，要多想如何突破，提高自己的價值，令你的收入變得不一樣，你要從長遠角度去想。

我們不是預測樓市走向，而是每個人都有自住需要，因此自住樓不可賣。

107 打工儲錢還是創業？

老師我想問一件事，在資產增值初期就投資少許資本加大量時間去創業嗎？你其實怎樣看創業？

我今年28歲，月儲$1萬，現金不多，前職是一間小型補習社老闆，現職是連鎖補習社的職員，現在很想再次出來做自己的教育生意。

但我很迷惘，不知應該專注正職，增加作為員工的主動收入，以累積更多資金滾大財富，還是應該分心創立自己的生意，再次成為小型企業老闆。

個案重點：

- 28歲
- 月儲$1萬
- 現金不多
- 前職是小型補習社老闆

重點目標：

- 想做自己的教育生意
- 不知應該打工累積資金，還是創業

無論你想以打工得來的收入去儲錢，還是想創業建立資產，目的都是一樣，就是建立財富。你要比較一下，兩者哪一項能為你長遠創造更多財富，哪一項你較強項，信心較大，預期回報率較高。

如果你打工，就不能單儲現金，一定要利用投資，假設你每月儲$1萬，回報率10%，10年可滾存到$190萬，你要仔細想想，自己是否能每年爭取到10%的複息回報，自己的投資實力如何，10%並不是一個很難的回報率，但你都要有基本的投資知識。另外，10年後擁有$190萬，是否與你期望的財務目標相同。

如果你創業，承受的風險就會較高，工作上的付出可能會較多，但如果生意有發展，要累積到比這$190萬更多的財富，並不困難。

你打工每月儲$1萬，以10年時間去換取$190萬，這數目並不算很大(當然都不是少)，相比之下，你以10年作創業單位去累積財富，放棄打工的機會成本不算很大。

加上你現時28歲，仍處於十分年輕的狀態，如果是我，我會博一博，因為上述所講的機會成本不算太大（10年換$190萬），同時你年輕可以輸得起，加上你本身有創業經驗，這是一個突破的方法。

只要創業成功，長遠的突破可以很大，得到的財富遠比這$190萬多，就算最初一、兩次創業無太大成就，但你會得到經驗，不斷進步，如果以10年為單位去想，你成功的機會其實不低。

如果你真的想做這事，就不要又打工又創業，最好是專注創業，雖然有風險，但你還年輕，相信可以承受得到，我建議你全力衝！

108 專注生意還是另謀發展？

龔Sir，現時我已創業幾年，生意不差，相信會一直賺到錢，但與拍檔有些矛盾，加上自己想試其他事，所以想退出。

我想試試去網站公司打工，不過我無相關工作經驗、無相關學歷背景。

我想試新事物並非因為生意失敗，而是現時的生意建立過程中，我需要為公司做網站，過程中我發覺自己有很大興趣，可以全程投入，不眠不休，而且很高興，想學更多相關知識，所以想找這方面的工作。至於我為何會學懂，那都是看網上教學，邊學邊做，而我又很快上手。

現時生意可以交由拍檔處理，我不介意打工由低做起，不介意人工低。

雖然家中不是富有，但不缺錢，屋企人也從來都很支持我的決定。只是我已經30歲了，無相關學歷，有的只是做了兩個網站的經驗。

如果我專注於目前的生意，相信一直賺到錢，同時發展不會差，但是我與拍檔之間的關係不佳，目前的生意純粹為錢。

我發覺純粹為錢而投入無熱情的事上，會感到無聊和缺乏成功感，我想做自己喜歡的事，我知道的就是建立網站。

另一個考慮點是建立網站的前景，目前這個行業已經飽和，競爭激烈。以我一個無相關學歷，只有熱情的遲起步者，客觀來講，我看不到將來會有任何優勢。

你認為是不是太遲？我應否去試？還是應該專注目前的生意？

個案重點：

- 30歲
- 現時做生意賺到錢，發展不差
- 現時生意無太大興趣

重點目標：

- 想做網站相關工作
- 應做現時生意，還是跳到網站行業

長遠來說，我建議你追求夢想，你能「可以全程投入，不眠不休，而且很高興」，這是成功的核心元素，我相信你做這範疇的成就，比現時的更好。

因為網站相關工作是你最能發揮的地方，長遠你的收入及事業會較好。不過，你現時的生意不差有發展，加上你認為跳去新行業的競爭反而更激烈，我認為這刻應該取一個平衡點。

比較穩陣的做法，是你繼續做原有的生意，因為這可以幫你賺到不少錢，你可以憑生意累積財富，但並非要你永遠做這盤生意，你要定出兩個目標。

第一，現時的生意賺到錢，你要憑生意不斷儲蓄及投資，等自己的財富增長到某一指定目標，我著重的不是你當刻生意的收入，而是你累積到多少財富。雖然你家人支持你做喜歡的事，但我都希望你能靠自己，累積一定的財富才進行這一步，你可以給自己一個目標。

第二，由於你現時與拍檔有些矛盾，如果你這刻跳出去，可能最後整盤生意被拍檔佔據。

如果你在這段時間，訂立一些對你有利的條款才退出去，甚至加入一些自己人作員工，令你不在場時，仍能分到應得的利潤，這時才跳出去就較好。簡單來說，就是建立「你不在場仍能運作的資產項」，才跳出去做其他工作，這是最理想的。

當你做到上述的目標，你就可以很安心，再發展另一門事業，同時又不用放棄原有生意。

長遠來說，我建議你跳去做電腦相關工作，最後發展成事業，這是最理想的，但是否這刻跳出去，就要視乎你自己的情況，上述只是一個穩陣的做法，就算你想這刻跳出問題都不算大。

網站現時雖然已有很多，但不會飽和的，你只要想一些全新的範疇，一些目前市場沒有的，但消費者需要的事就可以，你先打工並學習相關知識，然後以更闊的思維去發展事業。至於這刻入行無經驗，人工低，都不是核心因素，最重要是長遠的發展。

109 應否重考大學？

老師，我是一個18歲女生，剛入大學。18歲正值人生的黃金時間，也該是時候為自己打算前路。在我看來，你是相當成功，因為你已達至財務自由。18歲的我，就如失去方向的小船，根本不知何去何從。

我想退學重考DSE，現時的所修讀的學科，前途暗淡，人工可能只有萬幾，這樣我很難有錢投資，日後亦很難財務自由，我很想盡快有錢去投資。

如果我重考DSE，成績好一點就可以讀護士或社工，我退學是因為不想自己後悔，人生畢竟只有一次。

我不知道如何是好，要投資首要有本金，中學同學讀的大學學科，日後發展可以月入去到3萬，那我如何追得上他們的升幅呢。我的賺錢能力豈不是一世都跑輸他們？老師，求你指點一二。

個案重點：

- 18歲
- 現時讀的學科，將來薪金不高
- 未找到方向
- 擔心所學未能找到好工作

重點目標：

- 應否重考大學
- 想累積本金及日後財務自由
- 不想落後他人太多

你想重讀的原因，是由於受同學影響，你認為這學科收入低，無資金投資，難以財務自由，但真正事業的發展，其實受多個因素影響，學科、起薪點只是其中一個元素。

當然，薪金高令你有較大資金進行投資，較易做到財務自由，但財務自由有很多方法，薪金高也不代表一切。要真正將財富滾大，你要有3大元素：本金、時間、回報。

本金雖然很重要，但如何得到長期的本金更重要，所以，你這刻不要太集中即時本金投資，先著重「如何令你做適合的工作」，做到這點，長期的本金自然能解決。簡單來說，你不能只集中「當刻出路的起薪點是多少」(雖然影響你初期累積本金的速度)，但更重要的是你長遠發展。

這刻，最重要是分析你目前的前路問題。

我們希望得到本金，同時希望自己在理想的環境得到，若長期做不喜歡的工作，並不是好事。

我建議你，想一個問題，10年後，自己想做甚麼工作（你先不要想投資方面)，先想想自己如何覺得開心，你心底最想做甚麼？

就我自己來說，我現時最大的滿足感，已經不單為錢，而是身為一個作者、導師，能夠幫到人，每日都好開心，我不會用「捱」去形容我的工作，我不會說「好辛苦，快些到星期六就好」，而是「我一至日都很開心」。

你要想想，5年後、10年後，你從事哪類工作，如果找到這方向，就要盡力去做。

你細心問自己，自己的理想？想過的生活？做甚麼事最開心？想做的職業？想為社會帶來甚麼貢獻？

只要你想到自己的方向，日後當發展事業時，就能事半功倍，收入自然理想，如果努力學投資，一定比其他人更得到財務自由。

你只要清楚上面方向，就知道自己下一步該怎樣做。停一停，花時間想清楚，從「自己長遠角度」出發，不要被其他人影響，不用與他人比較，「做自己」就可以。

110 應否讀碩士的考慮

老師，我現時是政府合約員工，人工不錯但不會有升職加薪。由於我不是專科出身，到去私人公司工作，人工一定比不上現時水平。

我自己性格適合這一行，而且這行業前景可觀。

另外，我正考慮今年報讀護理碩士課程，但要3年時間加上要借幾十萬學費，家中不是小康之家，未來可能還要我交家用。

我正猶豫應該繼續留在這份工，一邊儲錢，一邊考政府工，還是去讀碩士好。老師可否給予意見？感謝。

個案重點：

- 做政府合約員工
- 轉其他工薪金不會太高
- 資金不多

重點目標：

- 應否讀碩士
- 不知該考政府工還是讀書

龔成老師分析

你可以用一個簡單的方法分析，就是將兩個方案的資金、預期收入、長遠的發展、你的興趣、強項、利弊等因素寫出來。

若果在興趣與長遠發展上兩邊都接近，剩下要比較的就是資金、回報這類較現實的概念。簡單來說，就是將整件事，以投資的角度去分析（當然，我會建議你先考慮興趣、強項等個人因素）。

例如你讀書，要投入多少資金。而當你讀完書，你預期人工會增加多少？

另外就是時間成本，這段時間你以兼職還是全職去讀碩士？當中會否放棄了打工收入，這都是成本的一部分，你要考慮這因素。

舉例說，假設你整個讀書過程，學費及時間成本，總成本價值為$30萬，你可以視這個是一筆投資，投入了這筆資金後，往後的回報是多少。

如果日後的收入增加，例如長遠的收入，比現時增加$1.5萬以上，以投入金額$30萬計，你就能在20個月「回本」，考慮到風險、時間、付出等因素，算有基本的「投資值博率」。

如果計算後，讀書的值博率是可以的，就算這刻你資金不多，也可想法儲到這筆錢，為自己作長線投資，一邊打現時的工，一邊儲錢都是方法。

當然，上述計算只是金錢角度，你應該先考慮興趣等因素。你現時是合約員工，長遠宜跳出去，只是選擇考政府工，還是讀書，一般來說，我不建議為讀而讀，你要有較肯定的資料，有信心日後讀完書後，會有不錯的薪金及發展，才考慮讀。否則，考政府工是較好的選擇。

111 大學生兼職與學習的問題

龔成老師你好，我是18歲大學一年級生，是一名讀不到名牌大學、讀不到自己心儀科目的一個失敗者！

我讀的學科前途暗淡，有次在書店看到你的《80後百萬富翁》，看了前言已經覺得很勵志，你書中提到「別為錢而工作」，要為學習而工作才對。我自己喜歡咖啡，所以現時逢星期六、日，都會用部分時間到咖啡店打工。另外，我也有做私人補習，其實這是好與壞呢？我是否要減兼職？

我平日學不到任何投資相關的知識，如果我不工作，就會缺乏收入，那我又何來本金投資。但另一方面，工作又佔去我大部分時間，難有學習時間，望老師解答。

個案重點：

- 18歲大學生
- 考不上名牌大學，讀不到自己想要的科
- 覺得自己是失敗者
- 有做兼職，有喜歡的事物

重點目標：

- 不想為錢工作
- 如何在學習和工作上取得平衡
- 應否停止所有兼職

你能上到大學，已經是一個成就，不要否定自己，我相信每個學科都有當中的功用，你可以以多角度去發掘，同時不要太過負面。

你要謹記，所有事情的出發點，都是以長期角度。

我先解釋「別為錢而工作」，這是一個長期概念，即是說，你不要單純只為人工，付出你的人生。

但在中短期，我們都要有初期資金，才能進行投資，才能達到資產滾大及產生現金流的效果，這個過程都要時間，因此，如果只是中短期打工，就算不太喜歡這工作，如果對初期資金有理想作用，可以有較大的儲錢效果，這工作都可以進行的。

「別為錢而工作」是長期方向，但在中短期，「為錢工作」能協助完成長期計劃是可以理解的，你要明白這是一個中途站而不是總站，但如果你視「為錢工作」為一個總站，就有問題了。

你現時在咖啡店工作，相信是你的興趣與將來的目標，這就是「不為錢工作」。因此，你可以繼續做這工作。

至於兼職補習，由於你18歲，相信未有初期資金，這段時間靠高時薪工作，去助你累積基本財富，這一步是重要的，所以可以繼續進行。

但我不建議你用盡每分每秒去做兼職，你平日要上大學，同時又要到咖啡店工作，又要做補習，我擔心你用盡所有時間，這點就不建議。你要留下一部分時間，不能用盡所有時間去做兼職，除了平衡生活外，我希望你有時間去增加投資知識，否則你日後就算有初期資金，都無法產生錢滾錢的效果。

因此，打工（為錢工作）不是無價值的，但如果你每月打工，收入減支出後無資金剩下，就有問題，因為進入了無法累積財富的死胡同。

你現時要做的就是制定一些長遠計劃，自己的長遠目標是甚麼，而現時所做的所有事情（讀大學、咖啡店工作、補習），是否向著長遠目標進發，這點才是最重要。

如果你此刻很想累積初期資金，而補習的薪金較高，你可以集中去兼職補習（甚至放棄咖啡店工作），先累積一定的初期資金；一年後，就減少補習的時間，增加學投資的時間，以及到時才做咖啡店工作。

至於讀書方面，你要想想現時的學科，對你長遠的幫助，以及你自己本身想的長遠目標，其實有不少大學生，畢業後的工作與所讀的根本無關，所以你又不用太過擔心，思維要闊一點，多了解該學科的出路。

反而我想帶出一點，如果你的興趣是咖啡店，其實可以定一些相關的長期目標，作為事業發展的方向，我假設你想開一間咖啡店，除了到其他咖啡店工作學習相關營運外，學習生意知識都是重要的。所以先定一些長期目標吧。

「別為錢而工作」是長期方向，但在中短期，「為錢工作」能協助完成長期計劃，這是一個中途站而不是總站。

112 應否放棄家族生意？

致龔成，我閱讀了不少你的書，想向你請教。

我繼承了家族的涼茶生意，店是租的，某程度來說，我賠了租金又折薪。營業額扣減成本後只是打和，可謂「慘過打工」，現在有一部分生活費是女朋友支付的。

更大的問題是，我看不清涼茶這個夕陽行業。我有以下觀點：

(1) 售賣同質物品者眾多，入行沒有門檻，也沒有護城河。

(2) 難以生產出明顯差異性的產品，缺乏標準。黑色一碗茶，不像電話可以變「大屏幕」，不像股票課程可以增加課時，或經營個人形象增加可信性。

(3) 成本極度透明。「師奶」心態：「草茶成本幾蚊一碗，我都可以煲得出」。

(4) 替代品多。暗瘡膏、鴻福堂、清水、湯水、美容療程、節食、維他命、果汁等。

對我而言最致命的是：

(5) 缺乏核心知識。家中只有我媽有業餘中藥知識，也不知道如果我放棄學業去修讀中藥是否理智。

(6) 行業惡性競爭。放眼市場皆是$10一碗涼茶。行內盛行鬥低價，缺乏進取性定價。由50年代起，1毫1碗，至今天70年後才$10碗，無甚加價空間可言。

(7) 法律掣肘及前置成本高。飲食業要求嚴格是常事，開涼茶工廠更是高成本投資，賣瓶裝涼茶，必須持食物製造廠牌照。而百佳惠康等未上架已須付幾十萬上架費，更要與廉價的鴻福堂競爭，還未計幾十萬自動化機器。

若放棄設廠，零售店兼賣小食糖水，需重新申請相關牌照，又要添置機器與鄰店競爭，而這一區每條街已有十數間食店，燒烤、酒吧、中菜、扒房、小食、酒家、涼茶、雞蛋仔等等，應有盡有。

我應該堅守涼茶，力求變革轉型；還是趁早脫手，尋找其他投資機會？我應否修讀工商管理碩士（MBA）增加營商實力？我又應否借貸設廠，上架超市？

我本已打算出外工作兩年儲$10-$20萬。問題是家族生意「困身」，需兼顧父母另外兩間分店，有數份前景頗好的工作也未能上班。銀行戶口連幾百元都沒有，經營網店的創始資金和Facebook／Google廣告資金也缺乏。家人又剛簽了兩年新租約，我還應該堅守涼茶店嗎？

對不起，這封電郵花了你寶貴的時間，希望你能給予一些意見，感謝！

個案重點：

- 繼承家族生意
- 生意不太賺錢
- 生意困身，有前景好的工作也未能上班

重點目標：

- 是否做家族生意
- 應堅守涼茶力求變革，還是趁早脫手
- 應否修讀MBA增加營商實力

你只需要從長遠的方向去想，就有更清楚的路。

首先，你想想自己的想法？你想10年後做甚麼？你想自己過得怎樣？你真正想做的是甚麼？你自己的興趣、事業、想做的事，你不是為別人而活，你只需要「做自己」。

嘗試不要以別人的角度去想，以自己長遠的發展為思考點，如果你真的有自己想做的事，就大膽去做！

其次，你要分析涼茶這行業的長遠發展如何，我見你的分析很有系統，講出了行業面對的問題，你捫心自問，如果你是一個外人，會否加入這行業？如果你是投資者，是否願意投入這行業？

我在股票班經常教學生，投資一定要「理性」，這是成功投資者的重要元素。當你持有某股票時，要假設自己並無持貨，以一個獨立第三者身份去分析，這股票是否優質，是否值得持有？如果答案是否定的話，就算這刻賣出會蝕錢也要賣出。

就現時的情況分析，涼茶行業面對大環境不利，強行去做未必是好事。相信你在自己分析這行業時，心中都有答案。

始終消費者的口味與過往不同，傳統的涼茶市場只會縮小，這是往後的大方向。如果要突破就要轉型，產品要重新定位、包裝，但就可能要投入一定的資金，加上較難與大企業競爭，這一步都不易行。

我選股時，會避開大環境不利的行業，順勢投資回報較好，逆流只會事倍功半。當企業只能賺取「僅夠生存的利潤」時，已進入了完全競爭的狀態，加上現時行業處於夕陽狀態，市場日漸收縮，無加價能力，經營者只能賺愈來愈少的利潤，行業競爭只會不斷增加。

不過，我始終不是行內人，有些因素我未必了解透徹，或者這行業仍有發展，只要將產品重新包裝及定位，便可能有出路，你可以想想怎樣以最少成本做到重新定位。

至於讀書，我不建議為讀而讀，這樣沒有意思。

若果你都想在這行發展，而你認為這行仍有得做的話，你就要盡力想方法改變這刻情況，你要做以下三件事情：

第一，到其他店，又或大型的涼茶店、連鎖飲品店，去打工、去研究他們的經營方式。了解對手，有哪些產品特別好賣，當中的目的，是了解他們怎樣做市場推廣。

第二，研究一下近年較新興的台灣茶店，了解他們的市場之道，了解市場需要甚麼。

謹記，我們做生意不是為賣而賣，而是解決市場上的需要，為消費者帶來某些滿足。你嘗試將台灣茶店成功之道，套在你本身的店上，怎樣可以應用得到。不一定是產品的應用，可以是包裝、店面、員工、宣傳、經營等。

第三，利用年輕人常用的網上資源，涼茶店是一個古老行業，業內都是老一輩的人，他們不懂年輕人的宣傳技巧。而你年輕，明白年輕人的心態，網上的技巧，現時潮流興甚麼，好好利用網上平台，作為推廣的方向，那是有機會行到出路的。

我所講的是長遠方向，可能你這刻面對一些困難，但不被短期因素影響，最重要是長遠的發展方向。希望上述回覆可以幫到你，加油！

113 畢業生想創業

龔成老師你好，我睇完你的片有些啟發。

我今年大學畢業，上星期同一位認識多年的好朋友食飯，他讀不成書，已投身社會工作，儲了一些錢。我們平日就是用你教的價值投資法去選股，買入後便只等它倍升或升了五成以上才賣出。

我們早前決定要合作做生意，現時已經有想做的生意類別，不過初步分析，市場都有一定的競爭。

我記得你曾說過：成功與失敗的人問題不在能力上，兩者分別是成功者不怕困難，不斷試；而後者只想不做，只有空想，畏首畏尾。

我們都好記得這段話，我們已經籌備中，希望在3個月後試業。

我們的本金不算很多，期望生意可以營運到3年，甚至5年，目標只求回本，不求賺錢，甚至可以接受蝕錢。

當然你可能會有個問號，其實我們真正的想法是希望趁現在20歲出頭，大家未有家庭負擔，希望可以用少許資金，換一次做生意的經驗。這盤生意不會做一世，亦不會想到5至10年那麼長。

如果你在我這個年紀，身處這樣的處境，你會做嗎？

我們投入的金額不會很大，部分是之前跟你學投資所賺到的錢。你認為我應該用來換取一次做生意的經驗，學習營運的知識；還是應該繼續投資在股票呢？

個案重點：

- **剛大學畢業**
- **現時擁有小本資金**
- **想同朋友合作做生意**

重點目標：

- **不知應否做生意**
- **資金用作投資還是做生意**

我鼓勵你去嘗試！

以你的年紀，正是大膽去做的好時機，因為你有膽識，同時「輸得起」，創業一定會經歷很多困難，可能會失敗，但如果你想之後得到更大的成功，就要在年輕時盡力爭取經驗，這是一個很好的學習機會。

很多人不敢試、不敢輸，所以一世都無突破，你可能會輸，但輸完再起身，試多幾次，總會贏！如果你最後決定創業，首先要做好資料搜集，了解市場結構、供求、產品收費等。

你表示市場有一定的競爭，這方面你要好好分析，與市場的對手相比，你這盤生意的優勢是甚麼？為何消費者要去買你的產品，而不去競爭對手那邊？

你們的財力不夠多，論公司規模、資源都不會有優勢，但你們可以創新出「與別不同」的產品，在定位上找到你們的獨有之處。

至於怎樣做宣傳、吸客等，別以為生意開始營運就會有客戶自然上門，你要想想客戶如何認識到你們的生意，具體方法又是怎樣？市場推廣策略又是怎樣呢？

我十分鼓勵你們做生意，但我擔心你們輕視了做生意的準備功夫及難度，因此我希望你做更全面的資料搜集。

另一方面，要仔細計算開業的成本，之後每月的營運成本多少？各方都要計清楚，你們現時不是玩遊戲，而是同實際地在市場上競爭，商場如戰場，一不留神就會輸，不會有人來同情你。要做，就要認真做！

成功者與失敗者最大的分別，是有沒有勇氣作大膽嘗試，你已踏上成功者之路，但當中一定有困難，能否到達終點就要視乎你的努力與堅持。順境時人人都可以做得到，但面對困難時，就高下立見，加油！

你可能會輸，但輸完再起身，試多幾次，總會贏！

114 欠債兼職求翻身

老師，請問你最初踏入社會時，你正職之外會做幾份兼職，你是怎樣堅持下去？你當時抱著甚麼心態去拚搏呢？

我現時有不少欠債，現在要不斷工作還錢，同時有正職與兼職，生活過得很辛苦，不知如何堅持下去，心理質素很差，好想你教教我如何正面一點面對，我如何可以處理得更好？我不斷做兼職是否正確的方法？

個案重點：

- **有不少負債**
- **現時做正職及兼職還債**
- **感到好辛苦**

重點目標：

- **現時的狀態怎樣堅持**
- **想提高心理質素**
- **不斷做兼職還債是否正確方法**

我相信你現時面對一定的困難，相比起大環境，要盡力提高你的心理質素，過去的情況無法改變，每個人都要為自己的事情負責，你現時只能積極面對，不要逃避問題。

在心理及方向上，你要以「將來」作為重心，這刻雖然不易過，但努力是有回報的。我當時就是用這心態說服自己，令自己不斷堅持。

頭兩年踏入社會工作是我最搏殺的時期，每星期都七天工作，或六天半，正職加兼職，自己的時間極少，就算有時間都會不斷看書增值自己。

我好明白，窮者愈窮，富者愈富。因為窮人根本無法錢搵錢，只有富人才做得到。

由於初踏入社會的我無本金，而有基本的本金是很重要，所以我在頭兩年，完全不介意付出，就算一星期工作七天都能堅持下去。

我當時著眼於「將來」，要完成更大的目標，要改變下半生，就要有本金進行投資。我當時心中除了這個目標之外，其他甚麼都沒有想。當時確實有點辛苦，但每當見到自己不斷朝向目標進發，愈來愈接近目標時，就會覺得很滿足，有動力！

你這刻都面對困難，中間可能有想放棄的時候，你要以「將來」作為堅持的重點，令將來每月更輕鬆，為將來累積財富，你要定一些具體目標，要有計劃，才可以更有效處理現時的情況。同時，當你見到自己一步步接近目標時，就有更大的動力去堅持。

至於你的負債問題，首先要了解你現時的那些負債，利率是否高，如果是消費性負債，一般的利息都較高，如信用卡類別等。較高息的負債愈早償還愈好，否則不斷債滾債，你就要更長時間才能處理債務。

相反，如果利率並不是太高，反而不用太急著還債，不必每月將所有資金用作還償，可以留部分現金，同時令你有喘息的空間。

至於兼職，的確是一個提高收入的方法。雖然不是長遠提高收入的最好方法，但在中短期處理債務的角度來看，對你而言都是一個好方法。建議你做一些較高時薪的兼職，可以更有效利用時間。如果你現時真的太辛苦，就停一停吧。之後再繼續兼職生活，因為中途的休息也是很重要的。

115 改變他人還是做好自己？

龔成老師，我從17歲開始便成為你的讀者，到現在18歲，做過一年兼職及儲錢，我是以你作為我的目標。

但這一年間，我不斷被人批評，一般都是指責我現在應該好好讀書，說投資會蝕錢，賺錢的事應該在投身社會的時候才做。同輩、長輩都不斷小看我，但其實我都只不過是想趁年輕盡早累積財富，沒有賭博心態。

我擁有老師五本著作，乘車、在大學空閒時，就會取出來閱讀，深受老師的文字啟發。我想追求自己理想生活，亦不怕辛苦付出。

我向身邊人推薦老師的作品，分享老師的背景，但換來的只是不斷被人打擊，說你只不過是幸運，但我心知不是靠運氣，是靠不斷努力、不斷嘗試的結果。

雖然我年紀小，但都希望影響到身邊人。我應該如何改變身邊人的思想，令他們能明白我？

我從一個永不儲蓄，有錢花光，戶口不會有超過三位數字的人，到今天用一年時間累積到6位數資產，我想多謝你啟發了我，影響了我一生。想請教，以我這個年齡，應該專心讀書，還是集中研究投資？

個案重點：

- 18歲
- 已有基本理財知識
- 擁6位數資產

重點目標：

- 怎樣說服別人正確理財知識
- 專心讀書還是研究投資？

你要明白，改變一個人的思維，是一件很困難的事，這樣做其實是「吃力不討好」。

我在多年前，都與你一樣，想將財富的真相，正確的理財投資知識，跟身邊人分享，但我發現，完全無用，他們只會笑你，認為你的方法無用，說你浪費時間。我過往打工時已不斷閱讀投資書籍，當時有個同事說：「如果睇吓書可以發達，就不會有窮人」。

世上有不少人都會這樣，有很強的固有思維，當你告訴他一些新思維時，他會用很多方法否定你，例如上述我的舊同事，他連一本書都無閱讀過，但就一開始否定。當然不是閱讀幾本書就能致富，但這是一條通道，令我們可以學到致富知識，然後應用，制定計劃、儲蓄、投資等方法，令自己一步步累積財富。

20年前我與你一樣，想說服身邊人，想他們都得到知識，但在世界的結構之中，成功人士只是少數，一般人是多數，所以大部分人都不會接受這些知識，選擇原地踏步，甚至有不少人會否定你，取笑你，攻擊你！

其後，我選擇不再與身邊人分享，我只專心向目標而行，當我完成一個又一個目標後，身邊人就自然會明白。

所以，你「講」是無用的，你不要花力氣說服身邊人，你最重要是「做」，當你完成目標後，他們自然會認同你。

我建議你不要再花力氣說服身邊人，你只要做好自己就可以，當日後有成果，他們自然會相信你。

至於讀書，是較大路的方法，但不是對財富最有影響的方法。由於讀書是投身社會的基礎，所以你仍然要讀書，使自己有基本的學歷，但要並行學習、發展投資及自己真正的事業。

簡單來說，我不建議你放棄讀書（除非你做生意或投資能力超強），否則一邊讀書，一邊發展投資與生意，會是最好的方法。

不過，你都不用將太多時間用在讀書，基本過關就可以，要同時利用時間於投資方面。你現時已行在正確的道路上，有基本理財知識，累積了六位數財富，同時明白利用理財投資，是長遠累積財富的真正方法，餘下只是再增加知識，以及努力運用。加油！我期待你完成更多目標與我分享！

116 發展個人事業的取捨

龔成你好，我一直有看你的書，我今年21歲，是一名設計師，入行一年，人工低。

設計、插畫是我的夢想，我很想推出自己設計的產品和出版自己的書，但目前這份工經常要加班，而且客人要求的設計又毫無美感。

由於晚晚都要加班，回家後都沒有時間做自己的設計。對現時的工作感到不開心，很想脫離打工生活。

我都有試過經營自己的插畫專頁，但很少人會看。我自問都算用心經營，反觀香港一些平凡的卡通插畫卻更受歡迎，我覺得自己比他們更用心。

為了有時間可以做自己的插畫，我應該轉工做設計以外的行業，能夠準時放工（可以有時間做自己的事）；還是繼續在設計公司捱下去（學到更多設計知識但失去私人空間，兼且人工低）。我對此感到很困惑。

個案重點：

- 21歲
- 做設計師，經常超時工作
- 人工不高
- 現時工作不是最理想

重點目標：

- 長遠想發展自己的事業
- 想轉工，有更多時間建立自己事業
- 或是留在原公司學習知識

你可以閱讀《財務自由行》，當中有5條路，你可以向其中一條路「專家」發展，我認為很適合你現時的情況。要成功做到真正「專家」，當中要同時有兩大元素。

第一，你的專業程度；第二，你的宣傳能力。

我未知你的專業程度，但如果要做真正的專家，你要在這範疇（設計）有一定的專業知識、經驗、實力、別人認同等，你要做到真正的專業水平，不單要用心，而是具實力的表現，甚至連行家都會認為你有實力。在發展專業時，最好以「集中發展」的模式進行，在某類別中一些獨特的位置，能達到很強的水平，甚至在該類別之中，其他人不及你強。

至於宣傳能力，我相信這點你較缺乏。

就算你用心造出一個產品，但沒有人認識，也是無意思的。全球最賺錢的餐廳是麥當勞，並不是出售質素最高的食品，而是以最基本的成本製造出最多人接受的產品，同時有一套很強的銷售網絡，就算你能造出一個很好的產品，但不懂包裝、宣傳、推廣、市場化，都是沒有意思的。

你表示坊間一些設計很普通，但不知為何受歡迎，關鍵就是市場銷售。有不少人與你一樣，只著重產品，但產品只是其中一部分，並不一定是銷售成功的核心。你試想想麥當勞就會明白，售賣的產品是很多人都能做到的漢堡包。

我希望你上述兩點都能做到，你表示有自己的插畫專頁但無人看，反映你缺乏第二點能力。你要加強學習這方面的能力，同時，如果要做好宣傳，令別人容易記得你，你並不一定要做到最好，而是要做到「與別不同」，有自己的獨特性。

由於現時的工作，你可以學到一些設計上的知識，我建議你再做一段時間，但不要長做，因為對你長遠發展幫助不大，例如你再做6-12個月，利用一年時間盡力學知識，有足夠知識後就轉工。

最好轉到同設計有關的工作，同時又不用經常加班工作的公司，令你有時間發展自己真正的事業。

發展「你自己的設計事業」是大方向，但怎樣完成到這目標並不容易，你要同時掌握我上述所講的兩個元素。

同時，下一份工的工時不能太長，令你有時間建立自己的事業，最終目標是發展為全職，這動作不能一步登天，要求你有上述兩大元素。同時有失敗的可能，你可能要建立多個不同主題的設計專頁，才有一個成功。但你要謹記，成功與否的關鍵因素，是誰能堅持到最後。加油！

117 進入30歲求突破！

你好，我感到人生很迷失，我畢業就創業，到28歲結束所有生意，之後做過跟車保安，又有打散工，為交租為生活，當中落差，我覺得好難受。人生好似已經無意義，過往創業無打工經驗，不知如何靠打工賺到錢，原本打算選讀建造業課程，但因為自己身體不佳而作罷。

我受不了長期勞動，也申請了公屋，不過單人身份要等很長時間，當初因為生意不利，導致所有股票都賣清光，我現時應該怎樣做好？

1. 學一種外語，裝備自己，去外地發展
2. 回澳門安穩地打一份工
3. 繼續留在香港，可能試找政府工等的安穩工作

我快要30歲了，不知如何是好。另外，我也想請教創業，怎樣才做得好，甚麼方向才最適合？我是否應該再創業？

個案重點：
- 30歲
- 試過創業又結束
- 無太多打工經驗

重點目標：
- 想突破
- 不知打工還是再創業
- 想裝備自己，或去外地發展

我看到的，是你比人擁有的優勢，衡量自己的價值及發展，並不是以短期情況，而是以長遠的角度來衡量。

你試過創業，反映你有一定的生意經驗，要成就一盤成功的大生意，一般都要經歷幾次生意失敗，你已經行在相關的路道上，之後視乎你的心態。

從你過往的職業及打工經驗推斷，長遠打工對你的發展未必很好，反而你過往一畢業已有創業勇氣，加上過往創業的經驗，以長遠發展的角度，你做生意的發展，會比打工較好。

你已經得到比同年人更多的生意經驗，往後就看你有無能力將你儲起來的知識和經驗運用出來。

在我眼中，你不是生意失敗，而是用了多年時間，得到很好的生意經驗，你比其他人，更接近開拓一盤成功的大生意。

你提到「回澳門」或「留香港」，相信你是一個兩邊地區都有住過，有聯繫的人，你可以從這些方向去尋找生意機會，要好好利用自己的優勢。

同時，你提及「去外地發展」，反映你的心態是能夠向外發展，你的視野並不狹窄，你要好好想一些不止是香港的生意。我相信以你內在的潛力，並不是跟車保安和散工，試試想得更闊一點，只是你之前生意失敗，之後打工又無發展，你開始否定自己，但我見到你比人更闊的視野，你可以有更大的發展，只是你仍要堅持，以及等到適合的機遇！

如果你認為結束生意，就等如無做生意能力，你就錯！因為做生意失敗好正常，絕不要因此而否定自己！

長遠來說，我建議你再做生意，但你要吸收自己生意失敗的經驗。做生意，不單要做「自己懂的」，而是要做「市場需要的」。

你可以利用自己熟識的行業去發展，並尋找機遇，市場的需求，我相信每個行業都有當中的優勢與機遇。我認識一個朋友，最初只是做裝修，之後見到網上機會，利用網絡發展自己的裝修公司，以年輕人接受的手法包裝宣傳，取得不少市場，這就是原有行業與機遇的結合。

你不要以這刻的情況去量度自己，多想自己擁有那些優勢，並以長期的角度去思考發展方向，加油！

做生意，不單要做「自己懂的」，而是要做「市場需要的」。

118 減少兼職，建立長遠價值

老師，小弟有些問題想請教一下，小弟做一份不太喜歡的工作已有兩年，月入大約$1.6萬，很多時入不敷支，有一個小朋友正在讀小一，太太有工作、收入萬餘，全家沒有任何儲蓄。

我平日放工後要兼職教游泳，副業收入每月數千（夏季），之前做了十年地產經紀，算是有一物業收租，扣除按揭及管理費，每月約有$3,000淨收入。

現在做的職業沒有上升空間，要靠副業來幫補。如果重回地產經紀，又怕開不到單，而且底薪少，對有家庭的我來說沒有保障。但繼續留下做這份工作，長遠又無法儲蓄，可否指點一下？

個案重點：

- **家庭收入約$3萬**
- **入不敷支，無儲蓄**
- **不喜歡現時工作**

重點目標：

- **如何在職業上有突破**
- **如何改善現時財務情況**

由於你沒有儲蓄，同時有家庭，無論留在現時的工作，還是選擇突破方法，都要做到收支平衡，這是很重要的。最好先努力數個月，盡力做兼職，同時減低消費，令你有基本的家庭儲蓄，一定要有基本的現金在手，否則，當你們面對一些突發情況需要開支，就會面對很不利的局面。

當有基本的儲蓄後，就要思考一個長遠的問題「怎樣提高每月的收入」，你現時的核心問題，是家庭收入不多，就算努力控制開支，都有可能出現入不敷支的情況，同時儲蓄都不容易。

你除正職外，也要花一定的時間做兼職，但兼職只能解決短期問題，對長遠情況無幫助，要解決核心問題，就要從你的長遠收入著手，反而可考慮減少兼職，利用時間去發展對你長遠更有價值的項目。由於你有負擔，而且目前的收入不算多，所以要以一些較穩健的方法進行，以下有數個方法可以嘗試的。

第一，繼續做現時的工作，同時利用空閒時間，利用自己興趣去做小生意，到生意成熟，有穩定收入後，就跳出來全職做生意。可考慮將兼職時間減少或停止，去發展一些低成本小生意，在長遠角度計，更有突破機會。

第二，繼續做現時的工作，減少或停止做兼職，利用時間去發展一些專門的技能，令你成為專家，希望長遠能帶來突破。利用放工時間，增加你現時身處行業的知識，希望你在長遠職位上，有較大突破。

你表示現時工作不開心，而這工作只有$1.6萬，坦白講，長遠轉工是大方向，你要找長遠有更大發展的工作，此刻利用空閒時間去提高自己價值，助你日後轉去更有發展的工作。

第三，轉去同地產有關的工作，你過往做過經紀，因此都有一些地產知識，你可以尋找地產相關職業，除了經紀外，嘗試找一些你有發展，又能用上過去知識的職業。

你要以長遠角度去思考，兼職只能在短期財務情況幫補一下，長遠一定要提高你的價值，尋找適合你發展的事業，才能真正提高收入，助你真正解決問題。

119 你想10年後變成怎樣？

你好，我今年25歲，去到一個人生樽頸位，我現時工作穩定，每個月儲$1萬，屋企有地方住，不用給家用，但我的職業及整個行業，收入及前途發展有限。

我想過學一門手藝技術，如水電冷氣之類，長遠做個電工師傅，人工有上升空間，無奈香港缺乏入行機會，加上學習期間人工很低。

適逢澳門那邊有一個機會，可以先聘請後培訓，月薪有$1.3萬，但到了澳門我便要租屋，開支會大得多，未必儲到錢，或最多只有$2,000-$3,000。究竟我應該安穩在香港儲錢，還是求變？雖然在澳門初期會儲不到錢，但長遠我會有一門技術，從而向上流，人工有更大增長。

我目標要在30歲有$100萬，然後再創業。我以前有過兩年創業經驗，知道打工加創業，是可以幫我有效累積財富。

我暫時只有$10萬儲蓄，希望成哥可以給我意見。

個案重點：

- 25歲
- 每月儲$1萬
- 工作發展有限

重點目標：

- 想有更大突破
- 澳門有工作及發展機會
- 30歲擁有$100萬，以及創業

你現時有$10萬，同時每月能儲$1萬，只要你保持這個數目，相信要在30歲有$100萬不是問題。

更重要的是長遠發展，你想5 年後、10 年後變成怎樣？你想做甚麼職業？事業怎樣？過怎樣的生活？你的興趣強項是甚麼？往後能否發揮？

上述兩個方案，我認為過澳門發展較好，不過我相信你就算留在香港並不是無作為，以下我的分析以長遠作出發點。

如果你留在香港發展，我建議你盡力儲蓄及學投資，因為你現時的工作好處是穩定，令你可以儲蓄及投資，相信你可以順利完成30歲前有$100萬的目標，而你表示日後想做生意，因此，你要在這5年內，同時增加你的生意知識。

你先想想，5年後想從事哪些生意，你過往試過創業，已經有一定的經驗，若果當時生意不成功而結束，你要想想，下一次怎樣做生意才可以成功，自己想從事哪一類生意，你可以利用這幾年尋找資料，又或轉到該行業去工作，甚至當見到有機遇來臨時，已可以開始做生意。

至於澳門發展方案，能學到專業技能，對你長遠有利，但你要用心學，盡快成為師傅級別，以及日後要定目標，利用專業技能去發展更大事業。如果現時有這個機會，對你長遠發展有利，我建議你接受這機會，雖然會影響儲錢計劃，但只要你學到專業技能，日後就能賺到比這刻更高的人工，到時要儲蓄就更容易，長遠對你更正面。

另外，如果你有一些專業技能，把這些技能再發展成生意，這門生意的賺錢能力會較高，對你很有利。

其實兩個方案都可以有發展機會，你要從長遠的角度去想。同時，也要付出努力，即使你選擇留在香港，不能每天只有上班下班，也要利用時間充實自己，向5年後有$100萬及做生意的目標進發。

120 小朋友讀書的抉擇

老師，我自認屬於「怪獸家長」一類，以小朋友讀書高分，入名校為目標。但自從看了你的書後便有少少改變，你經常表示讀書與成功不是等號。然而，我心底裡仍然是想小朋友取高分，入名校，始終這樣會更安心，將來也最有機會成功。

最近一直在思考這個問題，沒有答案，可以給我少少意見嗎？

個案重點：

- **怪獸家長**
- **以小朋友讀書高分，入名校為目標**

重點目標：

- **掙扎是否堅持小朋友要入讀名校**

首先，我不希望你將「學校」和「學習」劃上等號。「學校」只是人生中學習的其中一個媒介，只學習學術上的基本知識。

當你思考時，要以整個人生作為單位，不要單以「讀書成功與否」作為單位。

很多成功人士，都沒有很高的學歷。相反，現時大學生過多，持有學位的價值已大減，反而一些專業技能，由於懂得的人數少，反而更加值錢。相比起學術知識，我認為擁有這些技能更易步向成功：領導才能、獨立思考、溝通、突破思維、分析力、執行力、解難能力、積極心態、工作熱情等等。

傳統教育制度是追求高分，要有標準答案，不要學生犯錯。在這個環境下訓練出來的學生，反而令他們在這幾項能力較弱：「獨立思考、溝通、突破思維、工作熱情」。因此，小心某些傳統學校思維，令小朋友離成功更遠。

學校當然能學到知識，但大部分只是學術知識，有很多其他實用知識、思考方法、待人處事等，都要從日常生活和家人身上慢慢累積而成。

我並不是說「學校」不重要，只是不希望你將相關因素視為人生的全部，不要認為小朋友入不到名校就等於失敗，讀不成書就是失敗，入不到大學就是失敗，我不希望你有這等於，我不希望你將這觀念灌輸給小朋友。

每個人總有高低，總有人讀書較弱，但無理由因此定義為失敗者。

認真想想今天的你，有多少是來自「學校」塑造出來？又有多少以校外的「學習」塑造而成？

很多家長以為，小朋友讀最優秀的學校就有最好的結果，但這是錯誤的觀念。正確的做法，是讀「最適合」他的學校。

每個人總有長短，有自己的興趣，有自己的強項，並不一定是讀書材料，可能開展其他範疇有更大的成就，若只懂盲目追求讀書，追求分數，追求名校，對小朋友未必是好事。

我明白，你想小朋友入名校是希望他將來有更好的人生發展，但你同時應該提高層次，以更闊的思維幫小朋友著想，要有好的事業發展，要有美滿的人生，並不是只靠讀書去完成，同時要按他的興趣能力進行。如果強逼他讀書，而他不開心，壓力很大，埋沒了某些才能。最終只能成為「讀書機器」，還有意思嗎？

07

股票組合個案

121 股票價值非看買入價

襲Sir你好！我讀完你全部的著作後，想重做資產分配，想請教應如何分配才好？

由於當年無知，買了不少劣質股，又沒有止蝕，不少現股價比買入價相差太遠，不知道應否繼續持有，還是賣出將資金投資到其他股？

因為有部分是家人的錢，希望能盡快回本，以下是現時持有的股票，部分股價跌了不少！

中華煤氣（0003）　港鐵公司（0066）　越秀地產（0123）
嘉華國際（0173）　四環醫藥（0460）　三一國際（0631）
中國聯通（0762）　永恒策略（0764）　亞洲資源（0899）
聯想集團（0992）　雨潤食品（1068）　新晨動力（1148）
國電科環（1296）　工商銀行（1398）　華潤醫療（1515）
中煤能源（1898）　理文造紙（2314）　中國銀行（3988）

持有股票：
0003、0066、0123、0173、0460、0631、0762、0764、0899、0992、1068、1148、1296、1398、1515、1898、2314、3988

你要明白一點，買入價不是決定繼續持有的理由，我們要從整體財富出發，有優質企業可長線持有，因為企業價值不斷向上，對長遠財富最有利。

若然無質素的企業，就要賣出，不要死守，因為持有愈久，企業只會進一步貶值，對長遠財富愈不利，盡早賣出將資金轉投資其他更有增長力的股票，才是更好的做法。因此，不要被買入價影響，這是心理因素，無質素的企業，就要止蝕賣出。

另一個問題，就是你持有的股票數量太多，這樣會較難管理，不能仔細了解每隻股票，所以這刻最好不要再加入新的股票。

你部分持股都有質素，但部分質素較弱或無質素，以下我集中講述質素較弱，甚至是有問題的股票，你要先處理相關股票。至於其他股票，問題不算大，你繼續持有都可以。

四環醫藥（0460）質素不太好，過往曾停牌一段時間，2015年、2016年，曾經出現了核數師有「保留意見」的情況，反映當時賬目有問題。雖然近年業務好轉，未必有賬目上的問題，但基於這股的歷史，投資者要較小心，未必適合長線投資，同時不宜持有太多，宜減持及反彈後賣出。

永恒策略（0764）過往曾多次供股合股，是典型的財技股，對小股東不利，雖然近年已無做這類財技動作，但投資者始終要有戒心。從業務分析，企業經常出現虧損，基本上無太大質素可言，賣出是較好的策略。

亞洲資源（0899）生意不穩，收入少，變化大，多年都有虧損情況，未見有投資價值，雖然股價已跌到很低的水平，未必再大跌，但長遠計，始終企業價值未能向上，股價都不會向上，這股對你財富無幫助，相信賣出是較好的策略。

雨潤食品(1068)質素不佳，這企業有兩大問題，第一，經常出現虧損，過往無論怎樣的經濟環境，最後都虧蝕收場。第二，多年前的財務數據，核數師都對其財務情況表示「不表示意見」，即是對盤數有疑問，有保留，這是一個壞訊號。這類企業，最好不要投資。

國電科環（1296）雖然不是劣質，但不宜持有太多。企業主要從事生產銷售電廠所用的點火設備，風力發電機以及其他相關電子設備，業務並不是完全無發展，但企業規模細，加上過往盈利不穩，整體質素只屬一般，因此不宜持有太多，如果貨多便要減持。

買入價不是決定繼續持有的理由，有優質企業可長線持有，若然無質素的企業，就要賣出，不要死守。

122 年輕人投資進取回報較大

成哥你好，本人28歲，想請教一下以下投資組合ok嗎？

建行(0939)，買入價$8.94，持有2,000股
匯豐(0005)，買入價$50.6，持有1,600股
工行(1398)，買入價$5，持有20,000股
中國人壽(2628)，買入價$40，持有2,000股
保利協鑫能源(3800)，買入價$3.3，持有5,000股
中國農業生態(8166)，買入價$0.56，持有30,000股

當中2628，8166已持有很長時間，但股價落後大市，我應繼續持有還是沽出？

持有股票：
0939、0005、1398、2628、3800、8166

你出現了一些配置上的問題，第一，你年輕，在財富配置上可以進取一點，因為我們在進行人生財富累積時，應該以「先增值，後現金流」作策略，年輕時承受風險能力較高，長遠複息回報較大，而你有較多股票都是收息股及增長力不強的股票，資產配置上並非最適當。

第二，你太過集中在銀行業、金融業，明顯已出現集中風險的問題，你不要再增持相關行業，同時要慢慢減持，令你的組合更加平衡。

建行(0939)、匯豐(0005)、工行(1398)不是劣質股，但都是收息股，增長有限，你最好慢慢減持，將資金轉為其他較有增長力的行業。

中國人壽（2628）並不是無質素，不過增長力已經不強，企業的賺錢能力不及過往年代。加上你買入價處於貴水平，要返回當時高位不是易事，不要對股價有太大期望，如果想投資組合有較高增長，可考慮這股反彈後轉其他板塊。

保利協鑫（3800）業務不穩，雖然不是劣質，但屬高風險類，這類股絕對不能持有太多，你宜多了解業務的性質。企業主要為光伏行業製造多晶硅及硅片、銷售光伏材料、銷售電力、開發、投資、管理及營運光伏項目。本身業務很受行業供需影響，產品價格上落大，令企業不確定性很高，企業估值變化大。

企業在2021年曾經停牌一段時間，因未能按時公布業績，其後更出現核數師請辭，我對這股有保留，雖然未到劣質類，但絕不建議持有太多。

中國農業生態（8166）主要從事物業投資、糧油食品貿易、消耗品及農產品貿易，以及提供放債服務。企業規模細，以及業務有點雜，未有任何一個業務賺錢能力特別高，企業年年虧損，未見有任何投資價值，賣出是唯一的方案。

123 股票關鍵位並非在賺蝕數

你好呀！由於我手上有以下股票，已虧損慘重。很想清倉一了百了，但又心痛不捨。

中星集團控股（0055）　中達集團控股（0139）
中國星集團（0326）　珠江鋼管（1938）
久融控股（2358）

請問我是否應該全數賣出，還是總有機會再等呢？

持有股票：
0055、0139、0326、1938、2358

你要明白，持有一隻股票的關鍵位，不是買入價，不是賺蝕數，這些只是心理因素，實際要考慮的，只有企業的質素，以及長遠的前景。你不要停在過去的買入價，而是要想想，怎樣能將你往後的財富，有最大的增值效果。

坦白講，你上述股票的質素都不佳，相信你在選股上有一些核心問題，你日後投資前，一定要花時間研究企業業務，了解業務、財務數據、前景、企業價值。

中星集團控股（0055）從事音樂及娛樂；物業、放貸、製造及銷售、藝人管理、證券買賣、貿易，業務做得很雜，這類企業本身很難管理，同

時未有一類業務處於較賺錢狀態。過往經常出現虧損，投資價值很低，加上曾出現過數次合股，都是股價不佳的表現，賣出是最理性的選擇。

中達集團控股（0139）過往投機味重，曾被散戶熱炒過，是散戶最愛的其中一隻股票，我最怕就是這類股，絕大部分的股價只會向下。從業務基本面分析，業務不穩，營業額大上大落，久不久出現虧損，加上過往曾多次合股供股等不利小股東的動作，長遠持有不利，建議賣出。

中國星集團（0326）過往投機味重，同樣曾被散戶熱炒過，業務有影視製作及物業開發等，業務波動，經常虧損，投資價值不高，賣出較好。

珠江鋼管（1938）主要從事製造及銷售焊接鋼管，以及物業發展，與上述的股票一樣，業務價值低，經常出現虧損，比較好的是，這企業過往無供股合股等財技活動，算是沒有刻意找小股東的著數，不過，企業始終質素不佳，賣出都是時間問題。

久融控股（2358）過往有多年出現虧損，近年開始轉型，有從事數碼視頻業務、新能源汽車業務、雲生態大數據業務，業務比過往略有好轉，但未見企業有優勢及吸引之處。坦白講，對這類轉型企業有戒心，加上有部分年份的核數師意見為「保留意見」，原因是核數師未能取得足夠合適之審核證據，投資價值不高，賣是較好動作。

簡單來說，上述的5隻都全無質素，賣出是唯一的選擇，當中中星集團控股、中達集團控股、中國星集團及久融控股，宜優先賣出。

124 股票買賣先考慮質素

襲成老師你好！最近無意中在Facebook看到你的專頁，想向你請教。本人41歲，持有以下股票：

中國中鐵（0390），買入價$8.99，持有2,000股
騰訊控股（0700），買入價$399，持有100股
聯想集團（0992），買入價$5.05，持有40,000股
中石化油服（1033），買入價$1.55，持有20,000股
工商銀行（1398），買入價$3.07，持有1,000股
融創中國（1918），買入價$39，持有5000股
瑞聲科技（2018），買入價$112，持有500股
交通銀行（3328），買入價$6.69，持有1,266股
HTSC（6886），買入價$24.8，持有600股

1）想請教一下以上哪些股票應該賣出，哪些可持有，以達到更好的增值放果？

2）想請問越秀（0405），置富（0778），工商銀行（1398）那隻較優質適合收息？或者是否有其他更好的選擇？

3）在人口老化大趨勢下，是否應該買入醫藥股？

4）老師說要看年報，年報是否就是業績報告？應從何入手？我過往投資成績一般，後來發現應該要好好了解企業的業務。

只可惜太遲認識你，現在希望看你的書增加投資知識。希望老師能夠指點，感激不盡！

持有股票：
0390、0700、0992、1033、1398、
1918、2018、3328、6886

1）騰訊控股（0700）、瑞聲科技（2018）都有質素，可長線持有。

工商銀行（1398）、交通銀行（3328）雖然都有質素，但增長力不強，你現年41歲，不宜持有太多，如果你想財富有較好的增長，可考慮減持或賣出這兩股。

聯想集團（0992）是有質素的，但增長力不算很強，以及業務有點波動，只要持貨比例適中就無問題。

中國中鐵（0390）、中石化油服（1033）、ＨＴＳＣ（6886），質素較為一般，長遠增長力不強，佔組合比例不能太多，目前亦不建議增持。如果你想財富組合有較快增長，可考慮減持或賣出這幾隻股。

融創中國（1918）雖然本身有規模及品牌，但負債太多，風險較高，只宜小注持有。

當你決定持有或賣某一隻股時，先考慮質素，然後考慮自己的年齡及風險承受程度，分析該股是否適合，亦要考慮該股及該行業佔你組合比例是否適合。

2）越秀（0405）、置富（0778）、工商銀行（1398），都是適合收息的，就算同時持有也無問題，你現時已持有銀行股，最好投資銀行股以外的行業。但要留意，你41歲，財富仍有增長能力，不用太急投資收息股，就算投資，比例也不用太高。

3）醫藥企業長遠一定受惠人口老化，政府與市民投放在這方面的資源愈來愈多，長遠潛力不錯。你可以在這行業裡，發掘到一些潛力股，以你這年齡，只要控制好注碼，都可以適度投資潛力股，而醫藥行業是其中一個可取之選。

4）業績報告可理解是「企業年報」的其中一部分，你可以上港交所的網站，下載上市公司年報，十分有用，網址為：「www.hkexnews.hk」。

企業年報有大量有用資料，你可以重點閱讀：主席與管理層討論、業務簡介、損益表、資產負債表，你可閱讀本人另一著作《年報勝經》，能更有效掌握分析年報的技巧。

125 潛力股應思考未來價值

成Sir，感謝你的指導，上你的股票課程可說是我人生的轉捩點，我現在39歲，月入$45,000，月供幾年以下股票：

盈富(2800)，月供$2,000
中銀(2388)，月供$2,000
領展(0823)，月供$1,000
煤氣(0003)，月供$1,000
港鐵(0066)，月供$2,000
比亞迪(1211)，月供$3,000
中生製藥(1177)，月供$2,000

1)請教一下以上組合會不會太分散？有沒有需要調整的地方？

2)另外，我想等機會分注買入以下潛力股：福壽園(1448)、比亞迪電子(0285)和香港科技探索(1137)。

福壽園（1448）和比亞迪電子（0285）長期業績都優質，我想討論香港科技探索（1137），自2015年全力轉型網購，王維基野心想將HKTV MALL成為香港的AMAZON。我閱讀其年報，見到這公司的方向是十分積極和正確的，營業額增長快，隨著訂單數高速增長，管理層亦配合增加企業投資，自建運輸車隊，物流中心廠房機器自動化也提升效率和處理能力。

由於訂單量增加，他們會跟供應商爭取更多佣金，增加毛利，HKTV MALL的進取經營手法是突破，接觸到其他超市沒有的客群，甚至搶到更多年青和企業客戶，我觀察到身邊很多人上HKTV MALL購物。

之前我都有投資這股，但不多，現股價已升了不少，想加注。明白當企業價值增長，就算股價升都不一定貴，但用課堂教的估值法計算，始終不算便宜，但之後企業價值又可能進一步向上，再加注可以嗎？

持有股票：
2800、2388、0823、0003、0066、1211、1177、1137

1）你現時月供的，都是有質素的股票，基本上長期月供就可以，以你的年齡，這組合是適合的。雖然有些股票較為波動，但由於你用長期月供模式投資，因此不用擔心。另外，這組合不算分散，只要你不理中短期股價，長期月供就可以了。

比亞迪（1211）你現時月供$3,000，比其他股票金額多，由於它近年股價上升不少，投資值博率比過往年代略減，因此，你可以減至$2,000，繼續長期月供，將$1,000轉供其他潛力股，如安碩恒生科技ETF（3067），組合會更平衡。

你39歲，適合投資潛力股及平穩增長股，雖然月供的股票裡，較多是平穩增長股，但由於你打算一手手買入的3隻股，都是屬於潛力股類別，因此你能夠平衡整個財富組合就可以。

2）這3隻股都有質素、有潛力，你可以投資，由於股價較波動，因此部分時間處於貴水平，只要在合理區內，你就可以分注投資，長線持有。

香港科技探索（1137）業務有前景，你說出了這企業的要點，過往不斷開發藍海市場，這點與課堂所教的潛力股相同，同時市場仍在增長中。

由於成為了行業的先行者，已建立一定的品牌及銷售網絡，加上市場仍不斷增長，顧客與毛利能進一步提高，前景正面。但要留意，網購行業的競爭正不斷增加，對企業的賺錢能力有影響。

這企業其中一個重要的資產，是配送系統，涵蓋由頭至尾的整個過程，客戶在平台購買商品後，系統便安排自營物流中心及數千間商戶各自執貨，再經由自己車隊及員工送貨。香港科技探索打算將這系統技術複製，發展至香港以外的市場。

由此可見，這企業正不斷發掘新機遇，如果只以「香港的網購」去定義這股，這股現價已經不便宜。不過，正如你上述分析，企業想為香港版的AMAZON，加上正開發海外市場，企業的值博率就存在。

你原本持有的貨，可長線持有。當我們計算潛力企業的價值時，會考慮更多將來因素，考慮更多將來價值，只要你計算估值後，不是太過貴，就算合理區頂部位，你都可以小注加注，只要不是持有過多就可以。

126 道聽途說買下劣質股

龔成老師你好，我開始看你的書學習理財，才知道媽媽買的股票跌了不少，她是聽別人消息去買，由大概幾十萬輸剩一半，想問問你意見！

GBA集團(0261)，買入價$0.07，持有480,000股
民眾金融科技(0279)，買入價$1.33，持有2,000股
信銘生命科技(0474)，買入價$1.06，持有7,700股
騰訊控股(0700)，買入價$383.4，持有100股
中國置業投資(0736)，買入價$2.18，持有1,200股
中國金控(0875)，買入價$5.83，持有2,000股
李氏大藥廠(0950)，買入價$10.3，持有4000股
中芯國際(0981)，買入價$9.2，持有500股
中國中車(1766)，買入價$12.1，持有1,000股
中國交通建設(1800)，買入價$12.9，持有2,000股
中廣核電力(1816)，買入價$4.8，持有5,000股

請問應該如何處理？

持有股票：
0261、0279、0474、0700、0736、
0875、0981、1766、1800、1816

你媽媽的情況比較麻煩，上述股票中，不少都是無質素的，這類股較難守。至於有質素的，就可以長線持有。

騰訊控股（0700）、中芯國際（0981）都有質素、有增長力，可長線持有。

中國中車（1766）、中國交通建設（1800）、中廣核電力（1816）不是沒有質素，但不算高質，同時增長力較一般，要重回當年買入價已難，但企業不是劣質，持有無問題，但不要對股價有太大期望。

GBA集團（0261），企業年年虧損，無投資價值，賣出較好。

民眾金融科技（0279）不斷玩財技，供股合股拆股，都對小股東不利，持有愈久愈不利，2020年開始停牌，這股有機會就要賣出。

信銘生命科技（0474）與民眾金融情況相似，企業年年虧損，賣出較好。

中國置業投資（0736）不停玩財技，持有愈久愈不利，加上企業經常虧損，賣出較好。

中國金控（0875），年年虧損，加上核數師意見中，過往試過有「保留意見」及「不表示意見」，反映賬目有古怪，這股賣出較好。

其實，有上過我股票班的學生，都能避開這些企業虧損，又或玩弄財技的公司。因此，投資知識的確很重要，只要有知識，可以減少很多虧損。希望你媽媽日後投資前，學習基本的知識及做功課，不要只聽消息。你都要加強自己的投資知識，對自己及家人長遠財富都有利。

127 股票太多難仔細分析質素

Hello 龔成老師，我 28 歲，之前買落好多股，有哪一隻質素不值得繼續持有下去呢？部分股票的表現差，我在選股上有無核心問題？

香港電訊（6823），買入價 $10.53，持有 5,000 股
凱知樂國際（2122），買入價 $1.31，持有 30,000 股
利福國際（1212），買入價 $8.01，持有 7,500 股
工商銀行（1398），買入價 $5.84，持有 3,000 股
小米（1810），買入價 $18.56，持有 600 股
中華煤氣（0003），買入價 $14.95，持有 4,200 股
信義玻璃（0868），買入價 $8.55，持有 6,000 股
中國生物製藥（1177），買入價 $7，持有 2,000 股
中國軟件國際（0354），買入價 $4.88，持有 8,000 股
深圳高速公路（0548），買入價 $7.5，持有 4,000 股
筆克遠東（0752），買入價 $2.71，持有 4,000 股
太興集團（6811），買入價 $3，持有 2,000 股
中銀香港（2388），買入價 $25.9，持有 1,000 股
港交所（0388），買入價 $230，持有 200 股
領展（0823），買入價 $79，持有 300 股
華訊（0833），買入價 $8.71，持有 4,000 股
恒生銀行（0011），買入價 $142.7，持有 400 股

持有股票：
6823、2122、1212、1398、1810、0003、0868、1177、0354、6811、2388、0388、0823、0833、0011

你有三個核心問題，第一，你的組合股票隻數太多，十分散亂，你好難有效管理，我們投資股票，會經過仔細研究才會出手，買入後亦要持續分析，企業公布中期業績、全年業績、或一些重大事情發展，我們都要持續分析，試想想，你持有太多股票，根本無法了解每一間公司的詳細資料，你要調整組合，減少一些質素較弱的，日後投資股票前要小心分析。

第二，部分股票增長力不強，以你的年齡來說，未必是最好的選擇，以你的年紀，大可投資潛力股及平穩增長股，對你長遠財富較有利。

香港電訊（6823）、工行（1398）、恒生（0011）、深高速（0548）雖然是有質素的股票，但增長力不強，以收息為主，因此未必適合你，可以賣出轉其他股。

第三，部分持股的質素較弱，雖然不是劣質類，但都反映你日後選股時，要多了解企業優質度，以及提高自己的選股能力。

凱知樂國際（2122）主要於中國國內從事玩具及嬰兒產品的零售及批發，與多個國際品牌訂立分銷協議，如樂高（Lego）。但實體玩具市場增長有限，以及盜版等因素影響，令這企業的生意無太大增長，不少年份都出現虧損，未見有太大投資價值，建議減持或賣出。

筆克遠東（0752）主要從事展覽及項目市場推廣服務，品牌標識及視覺信息，博物館、主題環境、室內裝修及零售，會議及展覽管理等。企業不是劣質類，但企業獨特優勢未算強，規模不算大，過往財務數據也較普通，營業額無增長，盈利有下跌情況，投資價值不算高，長遠增長力有限，可考慮減持或賣出。

華訊（0833）主要從事生產及銷售電子產品、塑料模具、塑料及其他電子產品元件、買賣生物柴油產品及提供煤氣爐頭、以及提供節能業務解決方案。企業規模不大，業務有點雜亂，過往生意雖然有所增長，但盈利較波動，同時未見有明顯增長，反映業務的賺錢能力不強，企業未見有獨特性，雖然不是劣質類，但投資價值未算高。你可以減持或賣出。

你整體的選股，不算很差，但絕對有進步空間。你28歲，我建議你先增加投資知識，在選股、企業估值、投資時機上落功夫，對你長遠財富有很大影響。

128 按自身能力買入潛力股

你好龔成老師，我是澳門人，24歲，持有以下股票：

比亞迪電子（0285），買入價$16.68，持有1,500股
惠理集團（0806），買入價$6.57，持有35,000股
中廣核新能源（1811），買入價$2.57，持有6,000股
巨星醫療控股（2393），買入價$1.6，持有10,000股
盈富基金（2800），買入價$24.16，持有500股

本人想盡快儲到$100萬，想請教如何調整組合？由於澳門月供股票手續費較貴，故沒有月供股票。謝謝！

持有股票：
0285、0806、1811、2393、2800

龔成老師分析

比亞迪電子（0285）前景正面，是比亞迪股份（1211）的子公司，主要從事製造及銷售手機部件、模組及其他產品、提供手機及其他電子產品的設計及組裝服務。由過往只從事手機業務，到發展成多個範疇的電子相關業務，由於本身有控制成本及研發能力，因此業務發展不差，前景正面，你有貨可持有，是有潛力的企業。

盈富基金（2800）追蹤恒生指數走勢，雖然不是高增長類別，但由於同時持有數十隻質素不差的股票，因此有平衡組合作用，同時平穩增長，可長線持有。

中廣核新能源（1811）主要從事生產及銷售電力、建造、經營及管理核能、清潔及可再生能源電力項目。業務包括清潔及可再生能源項目，以及傳統能源項目（即燃煤、燃油及熱電項目），清潔能源受惠中國國策，長遠前景正面，你可以持有。

惠理集團（0806）不是劣質類，但增長力不強，企業賺錢能力不算很高，這股不建議持有太多，你暫時可以持有，但就不要加注，如果有較大的股價反彈，可以賣出部分。

巨星醫療控股（2393）從事醫療產品及相關設備，近年賺錢能力有向下情況，加上企業規模細，企業雖然不是劣質，但質素有向下情況，這企業不建議持有太多，建議減持。

你年輕，如果想盡快儲到$100萬，可投資較多潛力股類別，當然要留意相關風險，按自己情況決定潛力股比例。潛力股可考慮：安碩恒生科技ETF（3067）、阿里（9988）、騰訊（0700）、港交所（0388）、舜宇光學（2382）、小米（1810）、GX中國電車基金（2845）、中生製藥（1177）、三星FANG ETF（2814）。

如果澳門月供手續費貴，可以自行分注投資（3067）、（2845）及（2814），這幾隻基金都有潛力，同時入場費不高，不過有時就會處於貴水平，因此自行分注投資是較好的策略，例如每隔2個月入一手等方法，將買入價平均。至於其餘的股票，就可以等機會才分注買入，不用太急。

129 買股後仍要繼續做功課

老師你好，我有以下股票，買入後都沒有特別理會，部分有升但又有部分跌了不少，不知如何處理，有些只是跟人買。

10年前買入：
一手騰訊（0700），持有100股　　金山軟件（3888），持有8,000股

5年前買入少量：
權威金融（0397）　美聯工商舖（0459）　英皇證券（0717）
耀才證券（1428）　國泰君安（1788）　伯明翰體育（2309）

同時持有以下股票：
金地商置（535），持有20,000股　　華南城（1668），持有14,000股
中國有贊（8083），持有16,000股　　華潤水泥（1313），持有2,000股
融創中國（1918），持有3,000股　　碧桂園（2007），持有2,000股
中國恒大（3333），持有2,000股

持有股票：
0700、3888、0397、0459、0717、1428、1788、2309、0535、1668、8083、1313、1918、2007、3333

龔成老師分析

你有幾個核心問題，第一，你買入後完全不理會，是錯誤的做法，就算長線投資者，也要不斷檢視企業質素，投資者要閱讀中期業績及全年年報，以及當有重大事情發生時要分析對企業價值的影響。

企業優質度及優勢持續，就可以一直持有，如騰訊（0700）、金山軟件（3888）。相反，當發現企業根本無質素，又或質素轉弱就要賣出。

第二，你現時的組合很散亂，你根本不知道企業的業務情況，你沒認真了解所持資產，這樣投資是十分危險的。如果你無選股能力，又或不想花時間分析，建議你投資指數基金，能有效減低風險，同時為財富帶來增值效果。

第三，發現你的組合之中，個別行業太集中，包括證券業、內房業，出現行業集中風險。證券業的業務較波動，同時中小型證券面對行業競爭，賺錢力不高，投資價值不大。至於內房，不少的負債高，以及面對內房政策等風險，這行業不宜持有太多，特別是高負債的內房企業，建議你減持或賣出。

第四，部分股票的質素不佳，是過往散戶熱炒的類別，投機味重，我相信你是跟隨別人買的，這是大忌，必須要有自己分析。

權威金融（0397）過往起碼5次更改公司名，同時不斷轉業務，過往從事某些業務不太成功後就轉另一業務，這類公司一般的質素有限，業務沒有優勢及賺錢能力，風險高，投資價值極低，建議賣出。

英皇證券（0717）業務不穩，行業本身不易賺錢，加上規模不大的證券公司賺錢能力更弱，過往股價波幅大，經常虧損，投資價值低，賣出較好。

伯明翰體育（2309）過往經常供合股，對小股東不利，加上生意無增長力，經常出現虧損，投資價值不大，賣出較好。

至於其他股票，部分算是不過不失，但不是劣質，持有都可以，但不宜持有太多，真正較高質素的只有騰訊（0700）、金山軟件（3888）、華潤水泥（1313）。你日後要加強選股方面的知識。

130 年輕人應多投資增值股

老師，我今年34歲，月入$3.6萬，每月儲約$2萬，希望增加被動收入，所以有投資收息股，長遠想盡早做到財務自由。

目前持有以下股票：
匯豐(0005)，持有1,600股
電能實業(0006)，持有2,000股
煤氣(0003)，持有7,000股
中石化(0386)，持有10,000股
歐康維視生物(1477)，持有1,000股
康方生物(9926)，持有1000股
阿里巴巴(9988)，持有300股

目前整體虧蝕約15%，主要源自0005同0386，後者係早期油價高位時買入，想待日後上升再換第二隻，現在先收息用。想請教：

1)這樣安排正確嗎？我的組合應該如何優化？
2)如果想月供股票，應該選那些股？

希望老師指教！

持有股票：
0005、0006、0003、0386、1477、9926、9988

1）雖然你想盡快追求現金流，但以你的年齡及風險承程度，這刻應著重財富增值。

舉例說，你這刻擁有$100萬，投資收息股取得6%股息回報率，平均每月收息$5,000。但如果你將這筆資金用於增值，例如運用每月儲到的$2萬投資，取得10%回報，持續15年，就能滾存到$750萬資金，其後轉而投資收息股，每月現金流為$3.7萬，效果更好。

因此，當我們進行人生財富累積，以及要財務自由，以「先增值，後現金流」的方法，年輕人應投資較多增值類資產。

你持有的匯豐（0005）、中石化（0386）、電能（0006）、煤氣（0003），雖然是不差的收息股，但以你的年齡來說，並不是最適合。這幾隻股票不是劣質類，都有基本的質素，但就要考慮增長力的問題，因為你的目標是「財務自由」。就算想持有，都不應該太多。

明白你現時持有的匯豐及中石化賬面虧損中，你想待股價上升後才轉到其他股票。不過，你不要太過被買入價影響。以長期財富增長角度，只要見到其他增長股股價適合，已經可以轉到這些股，不要刻意等你現時持股股價回到買入價。

歐康維視生物（1477）是中國眼科醫藥平台公司，從事開發及商業化眼科療法，企業仍在投資期，業務不確定性高，很難推算最後的藥物是否成功，以及能為企業帶來多少貢獻，只可以說這類股有危有機，要分析相當困難，因此，這股不宜持有太多，同時要明白風險。

康方生物（9926）主要從事生物製藥業務，專注於腫瘤學及免疫學治療領域，同樣，企業處投資階段，回報要慢慢才見到，這刻難以評估其優質度，估值亦十分困難，因此，屬高風險的類別，不宜持有太多。

上述的兩股，都是有風險有潛力的類別，投資要較小心。如果你想投資醫藥類股，建議你投資一些已經有多隻成功藥物、有正現金流的企業，穩健度會較高。

阿里巴巴（9988）雖然近年受監管因素影響，但仍是有質素的，在業務層面，仍在很多範疇擁有相當的優勢，加上正不斷發展延伸業務，成為企業增長點。但面對近年監管收緊，賺錢能力的確有所減弱，但不會因此而變成劣質，企業慢慢會適應在新規則下賺錢，長遠投資價值仍在，你長線持有就可以。

2）你這個年齡，仍是財富增值的黃金時期，要好好把握，可以投資「平穩增值股」＋「潛力股」，如果你能承受風險，以及有一定的投資知識，潛力股比例可較多，否則，平穩增長股比例則多些。

你可以考慮月供以下股票：

平穩增長股，可以月供指數基金，如盈富（2800），如果有投資美股可考慮VOO。另外可加：恒基（0012）、港鐵（0066）、中銀香港（2388）、平安保險（2318）、粵海（0270）、領展（0823）、希慎（0014）、太古地產（1972）等，可從中選股。

潛力股可考慮：安碩恒生科技ETF（3067），如果有投資美股可考慮QQQ。另外再加阿里（9988）、騰訊（0700）、港交所（0388）、舜宇光學（2382）、小米（1810）、GX中國電車基金（2845）、中生製藥（1177）、三星FANG ETF（2814）。

在每月的$2萬儲蓄中，你可以動用其中的$1萬-$1.5萬進行長線月供，餘下的現金，就等大跌市時進行投資。

131 3年內換樓的投資策略

龔Sir，有事想請教你，本人30歲，已婚，有兩個未夠3歲小朋友，有$25萬現金，未計花紅，兩公婆加埋月入5.5萬。每個月有四成收入用去供樓和保險，另外今年開始有$5,000月供股票，每月有$4,500現金可以儲，目標想3年內換樓。

以前不懂投資，跟人買入：
新確科技(1063)
香港科技探索(1137)
強泰環保(1395)
工商銀行(1398)
新源萬恒控股(2326)

直至看了你的書，學懂了分析企業，才知道自己買了部分質素不佳的企業，現在該如何是好？

持有股票：
1063、1137、1395、1398、2326

先講述你現時的持股，工行（1398）是有質素的，但只是收息股，未必適合你的年齡。不過，若考慮你日後想換樓，現時只有3年時間去進行投資增值，因此有部分資金，投資一些低風險工具(如收息股)也無妨的。

香港科技探索(1137)有質素有潛力，這股可以長線持有，但如果你3年後要用到當中的資金，這股就不能持有太多，始終股價上落較大，如果買樓的一刻才賣出，無人知到時的股價，你到時就會面對資金風險。但如果換樓所需的資金較靈活，毋須賣股都能處理到，就可以長線持有。

新確科技（1063）在2016年被散戶熱炒，其後股價下跌了99%，並一直在低水平，不要期望這股會重回當年高位，往後的股價不是由過往的股價決定，而是由業務及企業前景決定。這公司的營業額不斷下跌，更加上年年虧損，這股無持有的價值，建議賣出。

新源萬恒控股（2326）主要從事採購及銷售金屬礦物及相關工業原料、生產及銷售工業用產品，以及生產及銷售公用產品。生意不斷向下，毛利率持續減少，反映賺錢能力正不斷減少，過往盈利不穩，近年更出現虧損，投資價值低，賣出是較理性的決定。

強泰環保（1395）於中國江蘇省提供污水處理服務，及於印尼占碑省從事生物質發電廠業務。企業規模很小，營業額每年只有幾千萬，更是多年不斷虧損，投資價值低，賣出較好。

月供股票方面，你每月月供$5,000，假設回報率10%，3年後合共滾存$20萬。再連同你每月儲起$4,500，即是3年儲現金$16萬，再連同你現時的現金$25萬，合共資金約$60萬。

你要分析，這筆資金是否足夠你換樓，投資股票要長期才能產生複息效果，3年時間一般未能見到複息威力。

如果你想多些資金成功換樓，有兩個方法，第一，利用持有的現金及每月儲到的現金，在大跌市時投資，就會有效提高整個組合的回報，但這動作有風險，如果買入後中短期股價未能向上，而你換樓時要動用資金，就會在短期虧損下賣出。

第二，延長你日後換樓的時間，5年後才正式換樓，這樣你就有較多時間儲錢，加投資年期延長，可以取得較大的複息效果。同時，可以將部分資金投資潛力股，提高回報。

132 退休階段宜增收息組合

龔生，我快要退休，目前持有：

福壽園（1448）
盈富（2800）
領展（0823）
比亞迪電子（0285）
置富（0778）
順騰國際（0932）

順騰國際是我聽消息買的，豈料一直跌，但又不願止蝕，倉位如何部署才好？

持有股票：
1448、2800、0823、0285、0778、0932

順騰國際控股（0932）主要於香港及中國內地從事銷售、推銷及分銷保健產品以及美容產品、提供線上廣告代理業務、線上支付業務、電子商務推廣業務及遊戲發行業務。這企業規模細，業務雜亂又無獨特優勢，加上生意沒有增長，多年都處虧損狀態，這類股你持有愈久對財富更不利，止蝕賣出是最理性的做法。

至於其他股票，基本上都是有質素的，不過，你將進入退休階段，在財富配置上，應該以保守為主，因為你往後無工作收入，風險承受能力會較低，同時組合配置上，會偏向追求現金流，因此宜投資收息股。

福壽園（1448）、比亞迪電子（0285），是潛力股，雖然有質素，但必適合你的年齡，建議你賣出，轉為其他收息股。

盈富（2800）有平穩增長力，及有平衡組合的作用，你持有都可以，但股息就不太高，如果你想有更大現金流，可考慮將部分轉到收息股類別。

領展（0823）有質素，持有的物業都不差，同時有加租能力。雖然增長力比過往略減，但整體仍是有質素，股息率未必太高，但也不差，可作為你股票組合其中一員。

置富產業（0778）有質素，持有多個香港商場物業，以中產屋苑商場為主，都是民生類別。這類別未必是高增長，但就較少受經濟週期及旅遊因素影響。這房託作為收息工具，絕對合適，你可長線持有。

另外，你將進入退休階段，可以建立一個更平衡的收息股的組合，不要只集中在2、3隻。例如可加入：港燈（2638）、深高速（0548）、香港電訊（6823）、工行（1398）、恒生（0011）、陽光（0435）、高息基金（3110）等等。

133 股票行業太集中易釀風險

龔老師你好，我過往不懂投資，朋友推薦我看你的書和上你的課。我持有以下股票，大部分是幾年前買入，想請問老師，我要如何止蝕和重組令資產增值？

匯豐（0005），買入價$55，持有1,200股
電能實業（0006），買入價$45，持有2,000股
港鐵（0066），買入價$41，持有2,500股
信利國際（0732），買入價$3.x，持有4,000股
創維集團（0751），買入價$4.x，持有6,000股
農行（1288），買入價$3.82，持有4,000股
新華保險（1336），買入價$38，持有7,000股
中銀香港（2388），買入價$25，持有3,000股
中國人壽（2628），買入價$20，持有3,000股
易鑫集團（2858），買入價$7.7，持有500股
渣打（2888），買入價$90，持有200股
中行（3988），買入價$3.8，持有17,000股
網易（9999），買入價$48.5，持有500股

謝謝老師！

持有股票：
0005、0006、0066、0732、0751、1288、1336、2388、2628、2858、2888、3988、9999

你上述的股票，大部分都不是劣質類別，不過，質素不算好高，以及增長力不強。你的組合有一個較大的問題，就是行業集中情況，對你組合造成一定的風險。

滙豐（0005）、農行（1288）、中銀香港（2388）、渣打（2888）、中行（3988），都是銀行股。行業的賺錢能力比過往減弱，同時，任何一個行業都不應佔組合比例太多，特別是銀行業，因為銀行業會面對金融系統性風險，如果金融系統出問題，你持有銀行股會一次過出問題。

新華保險（1336）、中國人壽（2628）是保險股，這兩股質素不算差，但增長力已不強。另外，銀行與保險股同屬金融業，已出現了行業集中風險。

建議你減持上述的股票，第一，可避免你出現行業集中風險情況；第二，上述大部分股票，增長力不強，如果你目標是收息都可以，但如果想組合有較強增長力，就要減持轉其他。

信利國際（0732）從事製造及銷售液晶體顯示器產品及電子消費產品，基本質素都有，但盈利較波動，只要不是持貨太多，都可持有。

創維集團（0751）從事電機、智能系統技術業務、智能電器業務等，中國及海外都有市場。增長力不算強，生意未見有擴展力，整體的品牌價值及銷售網絡，未算好強，長遠發展力只是一般，這股不建議持有太多。

易鑫集團（2858）質素較一般。企業於中國從事汽車交易平台業務及自營汽車融資業務，於中國經營互聯網汽車零售交易平台業務。業務發展一般，行業競爭大，未見有明顯優勢，前景只屬一般，建議減持或賣出。

網易（9999）業務有手機遊戲、智能學習、音樂流媒體平台、自家品牌電商、互聯網媒體等。業務長遠仍有發展力，但中國政府收緊手機遊戲行業政策，影響了這企業的發展，風險度增加。你持有都可以，畢竟企業都有基本質素，但就要明白風險，不建議持有太多。

134 考慮股票應否持有的關鍵

老師你好，以下股票我持有多年，之前不懂得管理，部分跌了不少。請問我應該繼續持有哪些股票，哪些需要轉換？可以給我一些建議嗎？

復星國際（0656） **恒投証券（1476）**
中奧到家（1538） **甘肅銀行（2139）**
友誼時光（6820）

持有股票：
0656、1476、1538、2139、6820

要決定你是否繼續持有，最重要是企業有無質素，以及該股是否適合你的年齡風險度。你要想想，你持有中的股票，那些能對你長遠財富最為有利？

友誼時光（6820）是中國的手機遊戲開發商、發行商及營運商，專注於女性玩家的手機遊戲。過往業務增長快速，但自中國加強行業監管後，生意與盈利都有影響，賺錢能力有所減弱，企業質素有下跌情況，雖然未到劣質，但風險度有所增加，建議減持。

中奧到家（1538）業務穩定，不是劣質類，過往的生意與盈利都不算差，但規模較細，增長力弱，加上背景方面不算強，以致質素及增長力不及

其他大型物管企業，同時市場不會給予太高的估值。你有貨可持有，但不要對股價有太大期望。

復星國際（0656）都算有質素，業務有研發銷售醫藥產品、保險、銀行等，業務多元化，但賺錢能力不算很強，這股都具持有價值，但增長力就不算很強。不過如果想組合有較強的增長，宜轉其他股。

恒投証券（1476）主要從事證券承銷及保薦、證券及金融產品、證券及期貨經紀代銷等業務。過往盈利較波動，個別年份出現虧損情況，賺錢能力不強，整體質素一般。雖然不是劣質類，但企業無特別優勢，長線投資價值不高，賣出這股較好。

甘肅銀行(2139)質素一般，近年賺錢能力有變壞情況，不止盈利波動，壞賬也處於高水平，內裡資產質素差，擔心企業價值進一步向下，賣出這股較好。

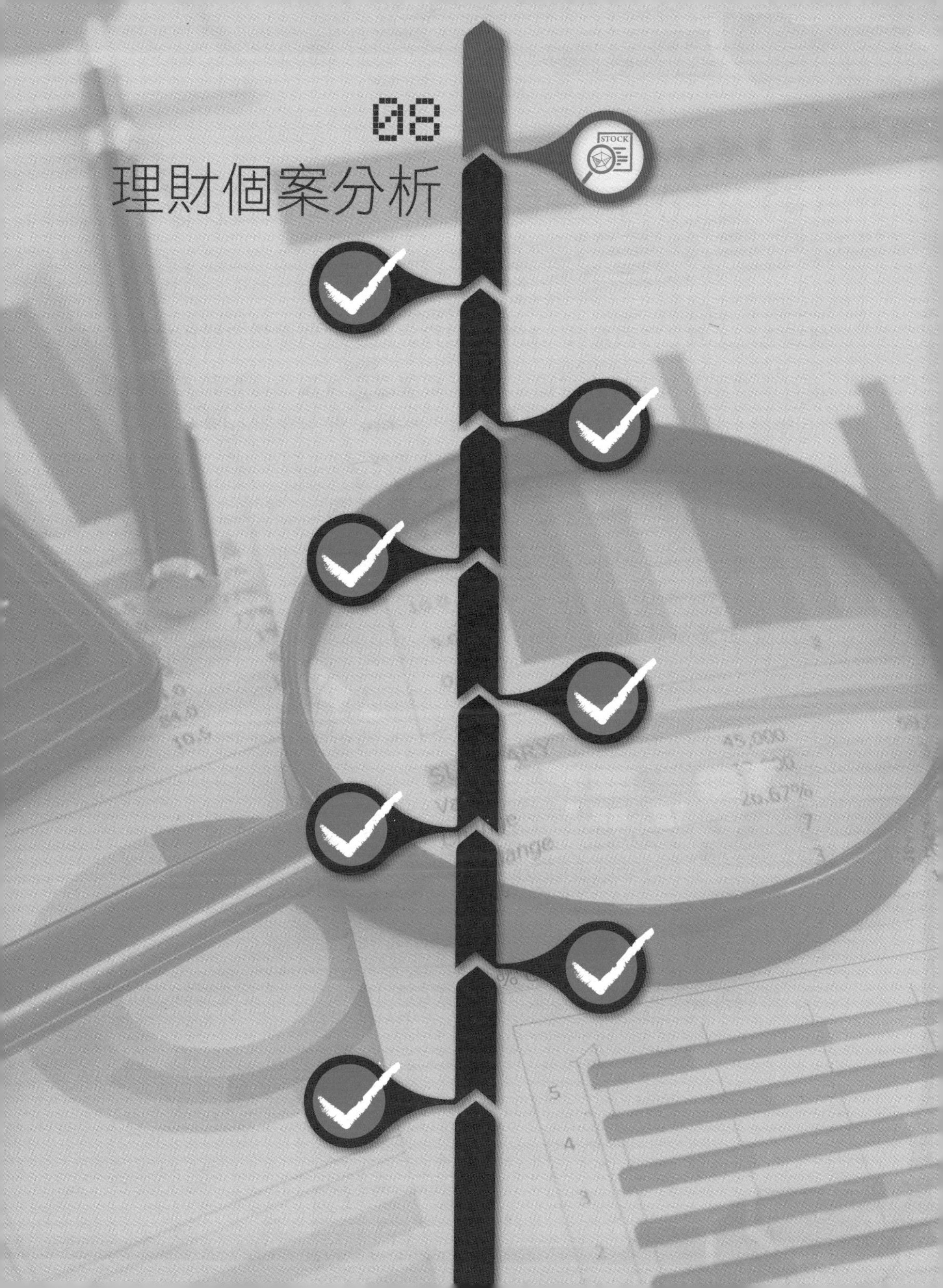

08
理財個案分析

135 10年每月有$5萬現金流？

龔成先生，我是你的讀者，有些關於投資取向的問題想問問你意見。

我有儲蓄$40萬，每月可儲$3萬，希望盡快實現資產增值，目標是10年後，每月有$5萬的被動現金流，未知是否太妙想天開？

個案重點：
- **有儲蓄$40萬**
- **每月可儲$3萬**

重點目標：
- **希望盡快可實現資產增值**
- **目標10年每月有$5萬現金流**

其實可以計算一下，就知你的想法是否妙想天開，還是怎樣可以做到。

當我們進行財富累積，會運用「先增值，後現金流」，先計算「後現金流」的部分，如果每月要有$5萬現金流的被動收入，一年就要有$60萬，若以息率6%去計算，就要擁有$1,000萬的資產項（$1,000萬×6%÷12）＝$5萬。

下一步再推算「先增值」的部分，計算一下10年內，能否達至$1,000萬這目標。

假設你每月投資$3萬，一年本金就是$36萬，假設每年的複息回報率為10%，10年後就能滾存到$570萬。至於現時的$40萬，同樣以10%滾存，10年後能增值至100萬。總財富合共為$670萬，達至$1,000萬的目標仍有點距離。

如果要完成目標，你可以作出以下的調整。

第一，增加投資年期，建議由10年增至12年，由於複息年期增，加上投入的本金增加，令最終滾存的財富有明顯增加。

第二，提高回報率，上述我以較保守的回報率10%作假設，如果增至12%，就能達標，要做到12%回報，可以選擇一些增長力較高的股票作投資，但不用太高風險度。另一方面，要懂得把握投資時間，每月儲到的$3萬，不用一下子全部用作投資，部分要留作現金，等股市有大跌時才出手，就能提高整個組合的投資回報率。

假設你投資年期為12年，每月$3萬以12%回報率計算，12年後滾存至$865萬。至於儲蓄的$40萬，以12%滾存12年，能滾存至$155萬。兩筆金合共為$1,020萬，完成你的投資目標。

因此，你要保持每月儲$3萬並投資，持續12年。同時，要以獲得12%回報率為投資目標。

一般來說，投資中高速增長的企業，是能完成這目標，在組合的投資上，投資潛力股及平穩增長股亦可。如果你本身擔心風險，潛力股比例就不要太多，但就要在把握投資時機方面下功夫。還有最後一個方法，就是提高每月儲蓄金額。

136 收入減少下的財富配置

龔老師你好，小弟讀你的文章得到啟發，明白有需要於財務上認真計劃，希望不會太遲，以下是財務狀況，冀望你能給予一些指引：

1. 80後夫婦，育有兩幼年子女，打工收入約$5萬，明年可能減至$3.2萬
2. 居住私樓約值$750萬，按揭$150萬
3. 持有股票約$50萬：主要是匯豐（0005）、恒生（0011）
4. 持有基金約$25萬
5. 流動現金約$60萬
6. 每月基本支出約$4.7萬；儲蓄$3,000

問題如下：

短期目標：

1）我應如何分配現有的資產，以達至增長？

2）如欲透過你的書增加對財務及投資方面的知識，你建議由哪本書入手或是上課堂？

3）小弟不能捕捉股票價格的平貴，所以打算月供股票，如將$3,000月供，有何建議？

4）由於家庭問題，一年後收入有機會減至$3.2萬，支出及儲蓄亦會減小，應該如何應對？

長期目標：

5）將來會搬到較多優質學校的地區，如沙田、油尖旺等，請問建議財務達至大約甚麼水平才行動會較好？

個案重點：

- 家庭收入5萬，一年後可能減至$3.2萬
- 有2個小朋友
- 持有一自住私人樓
- 股票$50萬、基金$25萬、現金$60萬

重點目標：

- 減少收入後的策略
- 如何分配資產達致增長
- 月供股票建議
- 何時換樓

1）由於你下年收入減少，配置上要較穩陣，不能太過進取，$60萬的現金中，可將$15-$30萬用作投資，由於有家庭負擔，現金備用要放首位，餘下資金才投資。

以你的情況，宜投資較穩健的股票，你可考慮一些指數基金，如港股的盈富基金（2800），美股追蹤標普500的（VOO）。另外，亦可考慮：長建（1038）、港鐵（0066），以及一些收息股，如：港燈（2638）、香港電訊（6823）、房託等，建立一個平衡的組合。

至於你原本持有的股票，匯豐（0005）、恒生（0011）都是銀行股，行業太過集中，應減持一部分，轉為持有其他穩健股，對組合會較平衡，同時你是仍年輕的80後，不用投資太多在收息股。

2）《80後百萬富翁》、《財務自由行》及《股票勝經》都是理財入門類書，你可由這書開始讀起，我的股票班都由基礎教起的，合初階者，書本就理論較多，課堂則實戰較多，兩者可配合學習。

3）在你未掌握捕捉平貴、評估企業價值的概念前，月供股票是較適合的，因為能將買入價平均，有效減少風險。

4）你現時可以進行月供，每月$3,000，但到一年後，如果你收入減至$32,000，就要停止月供。

你現時要盡力做到收支平衡，但如果無法做到，同時是一個持續性的問題，在沒有其他方法下，你可以考慮將現有資產重新配置，集中投資收息資產。

你現時擁有的股票、基金、現金，價值為$135萬，假設保留$35萬作備用金，餘下$100萬投資6%收息股，一年股息為$60,000，每月平均$5,000，能有效提高你的現金流。

另外，你現時擁有物業，按揭不高，加按再投資收息股，都是一個方法，因為現時按息低，而收息股的股息不差，這動作可賺取息差。不過，加按始終提高了負債，令你的風險度提高，加上有可能出現賺息蝕價的情況，因此，除非大市有明顯下跌令收息股處於便宜狀態，以及你本身風險承受能力較高，否則不建議做這動作。

5）如果你以$750萬物業，轉到另一區的$750萬的物業，其實現時已經可以進行，因為對你整體財富影響不大。加上你現時的收入較高，一年後的收入可能減少，這刻換樓對你做按揭較為有利，你最好以先賣後買的動作進行。

但如果你想購買的單位，明顯比$750萬貴，你就最好過多幾年，等你有較高的收入，以及累積更多財富後才進行。

137 投資3年送女兒出外讀書

龔成老師你好，本人43歲，有一子一女，無樓，小女想3年後考完文憑試後去美國讀書，她讀書成績理想，我不想跟她說沒有錢，不能供她去讀書，不想令她失望，所以希望老師能幫幫我！

我現在有$20萬現金，$20萬股票，$30 萬外幣除生活費外，每月可儲蓄$2 萬，請問不計現在的$20萬元，3年後我能儲蓄到$100 萬嗎？

如果現在月供股票，3年時間有幫助嗎？月供股票可以隨時停供嗎？銀行有否規定月供年份？如果現在開始供股，你建議我買甚麼股票？謝謝老師！

個案重點：

- **43歲，一子一女**
- **無物業**
- **月儲$2萬**
- **現金$20萬，股票$20萬，外幣$30萬**

重點目標：

- **女兒3年後到美國讀書**
- **3年後100萬**

若你打算3年後要用這筆錢，這刻都可以投資，但不能太進取，同時到接近運用前六個月就要開始套現。每月儲蓄的$2萬，部分留現金，部分投資風險不高，有基本增長力的股票就可以。

每月儲$2萬，3年本金$72萬，加上基本的增值，預期3年後滾存到$80萬-$100萬，但要視乎到時的市況，以及你持有股票的表現。

由於時間不算長，不能太進取，每月$2萬可將其中$1萬-$1.3萬去做月供股票，餘下就儲現金。選股方面，要以穩健為主，較理想的組合就是一半平穩增長股，一半收息股。

平穩增長股可選指數基金，港股指數基金如：盈富（2800）、美股如追蹤標普的（VOO），另外可選港鐵（0066）、領展（0823）、中銀香港（2388）、長建（1038）。

收息股可考慮：港燈（2638）、工行（1398）、置富（0778）、香港電訊（6823）、高息金（3110）等，建立一個平衡組合。

月供股票，絕大部分銀行都容許你隨時停供及賣出，無規定月供款的年期，當然，你登記前要問清楚。其實月供股票的原理如同每月儲錢，只是所儲的不是現金，是股票。由於股價始終都會波動，所以不要在有需要資金的一刻先賣，要在用資金前6個月開始賣出。

另一方面，其實你可以多與女兒溝通，了解她為何想過外國讀書，想去哪個國家，背後的原因，你亦可以表明現時的家庭情況，我相信你的女兒有獨立思考能力，未必所有事情幫她安排，就是最好的，反而可以一起制定未來讀書計劃，她也要為這個計劃付出努力。

太多的準備未必對她成長最好，部分問題要她自己解決，都是學習與成長的一部分。你也要她明白，要為自己的人生負責，部分費用可以幫她安排，但有些費用，例如日後外國的生活費，就要自己賺取。

我小學時期，已經做小生意賺錢，就是因為家中給我的零用錢不多，這個「不夠」，我才會自己思考「怎樣憑自己獲取」。

138 按父母樓為自己置業

襲成老師你好，本人33歲，月入$8萬，未婚有女朋友，父母已退休，現時與朋友租住屯門一個單位，每月租金及雜費開支約每人每月$6,500。

每月給父母家用$1.2萬，暫時並沒有投資，有一份儲蓄保險月供$1萬，留作將來退休打算。

現金有$150萬，準備作買樓結婚之用。本人初學投資，希望於50歲，財富滾存$1,000萬並靠收利息作退休之用。

我遇到一個難題，如果要買樓，我要將所有資金投放在首期，並進入負債模式，用25至30年還債。但由於年紀關係，本人希望於短期內可以買樓結婚。

本人曾和父母研究，可以將父母樓向銀行做按揭（現時無按揭），應該可得到$500萬資金，加上本人現金，買一個約$600萬兩房單位，可以免除買樓按揭保險費用，我就負責父母物業的每月按揭供款。

我粗略計算過，月入$8萬，如果買樓之後每月供$2萬-$2.5萬，家用$1.2萬，保險及每月預留$1萬交稅，一般支出約$7,000，加上兼職可能每月多$5,000，每月仍可儲蓄大約$1.5萬-$2萬。

這方法是否可行？另外，想日後月儲$2萬的話，該如何配置？多謝老師解答！

個案重點：

- 33歲，月入$8萬
- 現時租屋住
- 初學投資
- 持有$150萬現金

重點目標：

- 50歲前退休
- 希望短期內買樓結婚
- 按揭處理方法
- 日後預期月儲$2萬的投資策略

你先要清楚按揭的情況，父母物業雖然這刻沒有按揭，但不代表一定能加按，當你父母正式申請加按時，其實就等於再申請多一次按揭貸款，所以涉及的手續和要求，與一般申請按揭是一樣的。

即是你父母要向銀行提交相關的個人資料、入息證明等，銀行會進行審批過程，如果父母年齡已大，年期就會受限，加上要計算收入因素，而你父母已退休，因此能否套出$500萬現金，以及還款年期，仍有未知數，當父母年齡大，可還款的年期就會少，每月還款的數目就會比你計算的多，因此，建議你先向銀行了解清楚。

假設你最終以自己名義申請按揭，貸款$500萬，按息3%，供30年，每月還款金額為$2.1萬。

買樓後的確會令你進入長期負債模式，以及花去你手上的大部分現金，但也是必須的，因為你本有自住需要，最重要以「供得起」為原則，不要買過高金額的物業就可以，只要你每月仍能儲到錢，就算有負債，減慢了累積財富的速度，也可以進行。只要每月仍有資金投資，善加運用就得。

如果可以的話，就借高成數按揭，使你手上的現金$150萬不需要全部用盡，能預留部分現金作備用或日後投資之用。我相信$600萬物業以你的財務狀況是健康的。日後如有需要，以及收入及財富提高，才一步步轉至其他物業。

現時的$150萬，不要投資，要用作結婚及買樓，完成這兩件事情後，有資金剩下才進行投資。

反而更加重要的是你要學投資，假設你日後每月儲到$2萬，持續17年，每月投資$2萬並爭取10%的回報率，17年後你的財富便會滾存到$960萬，完成你心中目標：「50歲擁$1,000萬財富並退休」。

當中有兩個關鍵位，第一，你要努力儲蓄，每月保持儲到$2萬並進行投資；第二，要爭取到每年10%的複息回報。

你可以投資優質平穩增長股及部分潛力股，這都是適合你的，並可以助你完成目標，但你都要有基本的選股能力。由於你投資知識不高，一定要努力學習，你的投資實力是決定了你50歲時的財富，所以要多加學習。

139 買入第三個物業的部署

龔Sir你好，本人35歲和太太32歲，本人月入$8.5萬，太太月入$1.7萬，沒有子女。

本人以個人名義持有新界自住物業，現估價$580萬，欠銀行按揭$350萬，月供$1.4萬，以太太名義持有新界村屋，現估$400萬元，欠按揭$70萬。

夫婦二人手持現金有$50萬，月供股票多年有：香港中華煤氣(0003)、盈富基金(2800)、比亞迪(1211)，月供金額共$5,000。

請問我現時應否轉按套現，購入九龍第3層物業作投資？另外，我有資金可增加每月月供股票的金額，正考慮：領展(0823)、恆基地產(0012)及港鐵(0066)，每月月供金額加至$1萬。

本人手持物業所在地區偏遠，以我們實際情況目標如何該如何部署？長遠怎樣可達到3個物業的目標？希望龔Sir指示正確投資方向，不勝感激！

個案重點：

- 夫婦年齡3X歲
- 合共月入約$10萬
- 沒有子女
- 夫婦各持有一物業
- 手持現金50萬

重點目標：

- 購買第3個物業
- 應否轉按套現
- 增加月供股票

你以不斷累積資產的模式累積財富，大方向是正確的。

不過，我們要做好財富配置，建立一個平衡的組合，雖然物業是一個理想的資產項目，是真財富，但你現時已經有2個物業，在整個財富配置上，物業比例很多，而其他類別，如股票、現金較少，整個組合不夠平衡。

當然，香港物業每一層金額都不細，在剛購買物業時，財富組合當刻出現較集中情況，只要投資者明白這風險，不是不可的，但長遠來說，就要慢慢調整，不能太過集中在物業類。

你長遠以3物業作為目標是可以的，但這目標不用急，你到時要有一定的其他資產類比例，才會考慮增持第3個物業。

你現時應先集中在股票上的累積，第3個物業不是硬性的目標，只需視為一個方向。這樣做有以下原因：

第一，如果香港樓市出現較大的調整或一些政策上的風險，可以減少你物業貶值的不利情況。

第二，香港物業已過了最大增長的年代，在長遠的財富增長上，投資股票會有更大的增長力，對你長遠財富更有利。

第三，物業的流動性始終較弱，你將適當的資金分配在其他資產類別，始終較為適合。

第四，物業與股票有不同的週期，如果你平衡配置，當某類資產貴而另一類資產便宜，就可以賣出貴的，換入便宜的，對財富增長更有利。

你們現時的兩個物業可繼續持有，隨著香港與內地更多聯繫，新界物業不一定被睇低一線，分析時，可以從香港長遠發展的角度分析。除非你們持有物業質素真的很差，就考慮賣出其中一個再轉到九龍物業，否則，保持現況就可以。

你表示想以加按方法去增加物業，風險度高，並不建議，只建議這刻以正常的儲蓄累積股票，日後滾存到一定的財富才考慮增持物業。

月供股票方面，你現時所供的都是有質素的股票，你可以長期進行，至於新加入的月供股票，不建議加地產股，因為你本身的財富已有太多物業類別，建議可以加入安碩恒生科技ETF（3067），因為你仍年輕，加入潛力股長供是可以的。至於港鐵（0066），部分有地產成份，但獨特性強，只要金額不過多，都可以月供的。

你們仍年輕，又無小朋友負擔，是財富增長的黃金期，每月不要只投資$1萬，建議你加大儲蓄金額，先投資，後享受，把握年輕時複息回報的效果。

140 面對人生突變的資產配置

龔成老師你好！本人現時20歲，正就讀本地大學，父親早前去世，把財產留了給我，突然間要管理一堆資產，實在不知所措，所以想請問龔成老師如何才能管理好資產。

現時母親沒有收入，只靠儲蓄和我兼職的少許收入。

父親留給我2層物業，一層值$600萬(供完放租，租金收入$1.5萬)，另一層值$700萬（按揭$420萬，自住，每月供1.6萬），另有現金和股票$50萬。

現在失去家庭經濟支柱，我仍在讀書，實在不知道如何在我畢業前維持生活。母親在家照顧年幼妹妹，而我兼職$1.2萬一個月。

家庭開支大約$1.8萬，供樓$1.6萬，入不敷支，是否應該變賣資產來維生？謝謝！

個案重點：

- 20歲
- 父親去世
- 家庭入不敷支
- 靠儲蓄和兼職生活
- 擁兩層物業遺產
- $50萬現金和股票

重點目標：

- 如何管理好資產
- 應否變賣資產維生
- 如何維持生活到畢業

現時的物業租金收入$1.5萬兼職收入$1.2萬，總收入$2.7萬。供樓支出$1.6萬、家庭開支$1.8萬，總支出$3.4萬。每月不足金額為$7,000。

我假設你仍要讀3年大學，才正式踏出社會工作，每月要消耗的資金$7,000，3年就是$25萬，由於這數目不算很大，只需消耗你們的現金儲蓄都能支持，因此，這段時間你可以繼續讀大學，以及不用賣樓，只需要你保持一邊讀書一邊做兼職就得，雖然會有少少辛苦，但在整個家庭的理財角度，是較好的方案。

賣樓雖然可以得到較多資金，令你們可以過一段輕鬆生活，但賣樓後未必能買回，加上這動作是大量消耗你們的家庭資產，因此不建議。

現時$50萬建議大部分持有現金，因為你們現時情況負擔較大，而投資無可避免有風險，因此宜將大部分資金持有現金，你可以檢視父親留下來的股票，如果有些是風險高的類別，建議賣出，如果是優質穩健的企業，只要金額不太多仍可以持有，但金額多便最好減持。

有一個方法，可以幫你們買時間，但日後就要慢慢付出，就是加按該收租物業，利用「資產申請按揭」。

按金管局指引規定，以資產水平計算按揭，最高按揭成數為四成。雖然按揭成數比收入計算為少，但好處是不受收入等因素影響，而物業的價值，一般只計算市值的50%。你的收租物業估值為$600萬，最多只可以當作$300萬資產計算，然後借到4成（即是$120萬），同時銀行未必會批足。

例如最終按$100萬套現，慢慢清還，你們就可以有一筆現金用，由於現時該物業有租金收入，因此供樓不是問題，但就會影響了每月的現金流。

有$100萬在手都有好處，第一，可以令你們毋須太擔心中短期生活，第二，在你完成大學之前，可以減輕壓力，之後到你畢業後正式有收入時，到時家庭的現金流就不是問題，就算按揭要每月清還都不用擔心。

另一個方法則風險較高，要視乎你們承受風險能力，就是將加按出來的現金，投資收息股。由於加按利息不高，而現時收息股的股息率有5%、6%，因此可以幫你賺到息差。

世上沒有免費午餐，每項投資都有利有弊，這動作的弊處，就是有可能出現「賺息蝕價」，不過如果是長線投資，問題不算大，但以現時收息股不算平的情況，值博率只是中等。這策略要求你有一定的投資技巧，我建議你在進行前，先增加知識。

上述的各種方法之中，加按是風險較高的方法，未必最建議，運用前要很小心。較好的方案，是你保持做兼職，就算要消耗儲蓄都可以，物業方面就不要有改變，不用賣，不用加按，相信以你們的儲蓄，都能讓你在大學期間維持生活。

141 退休人士的穩健配置

你好，我將近60歲，任職機構行，即將退休。

因為沒有退休福利，想用$500萬現金自製退休金或終身年金，希望在大部分安全保本的情況下，得到4至6厘回報，一年領取$25萬利息過簡單生活，有可能嗎？

請問有甚麼建議呢？謝謝。

個案重點：

- **60歲**
- **將退休人士**
- **擁$500萬現金**

重點目標：

- **投資宜安全保本**
- **4%-6%回報**
- **每年收取$25萬元利息**

現時你擁有$500萬現金，只要爭取到平均5%回報，每年的現金流為$25萬，便完成到你的投資目標。因此，現時的關鍵位，就是怎樣在低風險的情況下，爭取到平均5%回報率。

在選取項目時，有三個要點：第一，低風險；第二，有穩定現金流；第三，建立平衡組合，不能太集中在同一類別。只要組合平衡，就算其中一類出現價格下跌情況，對你整體財富的影響也不算大。

你可以考慮以下的項目：車位、收息股、債券、年金、高息基金、收息產品。以下會解釋每一個項目當中的利弊與風險程度，及投資策略。

車位，原理同買樓收租一樣，管理上比物業更方便，而且入場金額較低，可造按揭，與物業一樣都是土地衍生出來的資產項。

如果將你現時的$500萬投資物業，因為入場費高，會令你出現集中情況，相反，車位入場費較低，在配置上較靈活。由於車位價格近年上升了不少，令租金回報率處於約3%水平，與你的投資目標有距離，你可以等車位價格回落或租金上升，又或尋找一些回報率較高的車位，令租金回報率達至3.5%至4%，才考慮投資。

收息股，不少收息股都很穩健，雖然中短期股價會有上落，但長遠股價一般都是平穩或向上的，只要選一些業務較穩定的企業就可以。你可以建立一個收息股的組合，例如：港燈（2638）、深高速（0548）、香港電訊（6823）、工行（1398）、恒生（0011）、置富（0778）、陽光（0435）、高息基金（3110）等都可以，平均股息率有5%，合符你的投資目標。

只要不集中在同一隻，同時買入時不要一次過買入，而是分注投資（可利用1、2年間分注買），買入價能有效平均，減少風險，可考慮將其中$120-$250萬投資收息股。

債券，這方面你可向銀行查詢，不少機構及企業債券都穩健，原理就是借錢給機構，持有人在中途不斷收息，到期收回本金，只要選A字頭評級的債券，都是選擇範圍，息率雖然不是很高，但最重要是做到保本效果。坊間有一些債券叫「高息債券」，其實是「垃圾債券」，以高息去吸引投資者，但本身風險高，有損失本金的風險，不建議投資。

年金，這是一個創造穩定收入的工具，你先將一筆錢，向銀行或保險公司購買年金，然後就會每月得到固定現金，但當中會有本金的成份，如同每月拿取本金及利息，好處是一世收取穩定收入，壞處是可能無剩餘價值，又或只餘下部分剩餘價值。會否購買年金，很視乎你的資產會否留給後人。如果本身不打算留給後人，這是一個很適合退休人士，創造穩定收入的工具。

高息基金，你可以向銀行或保險公司了解，最重要了解基金的投資策略、持有資產、預期派息金額、過往回報、風險程度，損失本金的可能性，部分高息基金能保持派息，同時風險不高，但亦有些高息基金，會出現賺息蝕價的情況，將本金當利息派給投資者，因此投資前要小心了解。

收息產品，銀行及保險公司都有提供，不少都有穩定回報，要有5%現金流回報不難，但你一定要了解產品背後所持有的資產、投資策略、預期股息回報、過往表現、風險程度、損失本金的可能性。投資前一定要問清楚，更要了解投資有否年期，以及當中的條款。

上述的各種項目，只要你適當配合，選自己適合的，相信要每年得到$25萬利息收入是可以的，但要留意，世上無絕對安全的工具，投資者只能以平衡作策略，以及投資前盡力了解工具是否適合自己，以減少風險。

142 重組資產提高收入

龔成先生你好，我家有3個物業和1個車位，全部還在供款中，大約市值$3,200萬，按揭$900萬，另外還有一個私人貸款$70萬，現金＋股票約$180萬。

想請教你，我先生將會一年後失業，但家庭開支非常大，現時正想方法增加收入。

如果我賣掉車位，會得到$190萬。另外，現金及股票$180萬，再加按其中一項物業$180萬，先還清私人貸款$70萬後，會剩下$470萬，我打算將這$470萬全部用來買入收息股。然後尋找一些有10%股息率的股票，例如之前見中石化有很高股息率，那麼我每年是否會收到股息$47萬？全部買入中石化每月平均有$3.9萬收入？

這樣可減低我先生求職的壓力，請問可行嗎？謝謝你！感激回覆。

個案重點：

- 持有3個物業和一個車位
- 先生將失業
- 家庭開支大
- 私人貸款$70萬，現金加股票約$180萬

重點目標：

- 應否賣走車位套現
- 應否加按物業還清私人貸款
- 減輕先生求職壓力
- 應否全數現金買入中石化收息

你先生即將失業，因此在財富配置上，增加現金流較強的資產項目，方向正確，可以減輕每月現金流的壓力，問題是怎樣配置會有較好效果，以及平衡風險。

現時車位租金回報率不算高，出售車位套現，再轉收息股來增加現金流，基本上也可行的，加上你現時太集中在土地相關類的資產項，減持車位以轉到其他資產，令財富組合更平衡是可以的。但要留意，每種工具都有當中的特性及利弊，收息股都是一樣，股價波動程度比車位價格大，加上股息的穩定性，一般不及車位租金的穩定性，你要明白這一點。

至於$70萬貸款是否償還，你要考慮該貸款本身的利息是否高，如果處於較高水平，還款較有利，甚至你以加按物業套現，去償還該筆貸款，都是較有利。最重要是分析利息成本，了解哪類貸款的利息較低，先將資金償還較高息的類別。

相反，如果該$70萬的貸款低息，若果投資取得較高的回報率，就不用急著償還，因為將資金留下來投資，取較高的回報，就算要支付利息，都是值得的。

至於加按$180萬去投資收息股，去從中賺取息差，策略上是可以的，但要留意當中有四個風險。

第一，負債會增加，加按原理是問銀行借錢，負債增加一定會令你的風險增加。不過考慮你約總計的資產，以及總計的負債，並不算多，比率仍處健康水平，因此不用擔心，但你一定要明白這一點。

第二，投資收息股，有可能出現賺息蝕價，所以不要在貴的價位投資，要解決這問題，你要選較有質素的股票，及用分注投資將買入價平均，風險就能減少。

第三，派息減少的風險，如果產出的現金流減少，對你之後的還款有影響。因此你盡量選擇一些業務穩定的收息股，當企業業務穩定，盈利自然穩定，能派出的股息也自然較穩定。

第四，按息增加的風險，因為現時低息環境，你利用低息借錢，投資較高息的收息股，能賺到息差，但如果日後加息，按息向上，你要支付的利息增加，對你每月現金流會有不利影響。

我相信上述的風險程度屬中等，如果你加按$180萬，我認為是可行的，只要明白上述所講的風險。

簡單來說，你可以利用加按，連同原有的現金股票，有$470萬的流動資產，然後留下部分備用現金，再將資金投資收息股，這方向是可以的。

在收息股選擇方面，中石化（0386）質素算是不差，但未到很高質素，始終只是商品企業，沒有一些太大優勢，生意增長力不算強，同時會受油價等因素影響，反映企業處於一個被動狀態。

這股高息，你可以投資，但絕不能只投資一隻股票，你要同時尋找其他收息股，建立一個高股息組合，否則會有集中風險。

你可以考慮：深高速（0548）、香港電訊（6823）、工行（1398）、恒生（0011）、置富（0778）、陽光（0435）、高息基金（3110）等都可以。

另外，有些更有超過8%的高息股，但股價就略有風險，你投資時要控制注碼，例如：佐丹奴國際（0709）、中石化（0386）、互太紡織（1382）、偉易達（0303）、中國利郎（1234）等。

假設$470萬之中，當中動用$430萬投資，平均取得7%股息率回報，平均每月現金流為$2.5萬，雖然比預期少，但你最初打算全部投資中石化單一股票，會有集中風險，並不建議。我們要做的財富配置，一定要先想風險，後想回報。

143 有效資產配置助買樓

老師你好，看了你很多問答分享，覺得你很有信心！我因為沒有太大信心，又經常怕有虧蝕，理財方面一向較弱，多年前買入很多滙豐，賬面蝕了$20萬，又不想止蝕（和自己說有息收便可）。

本人40歲，有現金$60萬可以用投資（已預留備用現金），投資主要想買樓自住和為退休作打算。想請教：

1）怕風險的人是否不應投資？怎樣克服心理因素？
2）應該投資哪些股票？怎樣運用資金？怎樣達成買樓目標？
3）手上的滙豐股票應怎麼辦？賣出好嗎？佔財富比例很多。

個案重點：

- 40歲，投資保守
- 持有大量滙豐股票
- $60萬現金可投資

重點目標：

- 如何達成買樓目標
- 如何達成退休目標
- 應否賣出滙豐

1）不是。投資理財所要求的是你理性處理，以適合你的方法去完成目標，不要因為一些心理因素而影響決定。無論我自己投資，又或給讀者投資意見，我都不希望有人虧損，但就算這樣，都要作出理性的決定。

舉例說，若怕風險而不敢投資，只懂持有現金，最後只會因通脹而貶值。因此，我們要做的，就是怎樣在可承受風險程況下，合理爭取回報。又例如，如果持有某股票，質素向下，若止蝕會出現虧損，因此不肯止蝕，就是不理性的決定，因為長遠財富只會進一步向下。

你現時有兩大目標，第一是買樓置業；第二是長遠的退休目標，你要先處理買樓目標，成功置業後，下一步就為你日後的退休作計劃。

當定好目標後，就要適當配置好你的財富，以最合適的方法，去助你完成目標，不能因為心理因素而只留現金，又不能因不肯止蝕而持有與目標不匹配的投資工具。

2）這刻最重要的目標就是買樓，你先要確定，自己是否想買樓，長遠是否有自住需求。你現時的收入及財富情況如何，目標物業金額是多少？

買樓不是一個口號，要求你確實去定目標，定計劃。你要訂立一個切合你而可行的計劃，我建議你閱讀《5年買樓4部曲》這書，並認真訂立好計劃。

你現時40歲，由於要考慮你的退休年齡，以及一般銀行都會以「75減年齡」，作為其中一個按揭上限的指標，因此當你年齡太大，按揭年期就不能太長。同時，要考慮現時你的財富及收入狀況，我可以給你一個初步建議，你嘗試以45歲作買樓目標，以這目標為前提，研究買樓的可能性、物業金額、現時每月儲蓄、收支等。

如果確定45歲買樓，這刻有5年時間準備，你每月保持儲蓄，在財富分配上，應該有部分資金作投資。你有5年時間，就算本身怕風險，都可以將每月一半的儲蓄用作投資，但不要投資潛力股，選取較為穩健的股票。

現時可投資的$60萬，你可以選一些有質素，平穩增長類股，以及部分收息股。雖然你表示$60萬都是可用投資，但不要一次過買入，要以分注的模式進行，同時有部分留現金等大跌市才動用。

至於長遠退休的目標，先處理好買樓的問題，然後再就退休因素設定較好的安排，由於你距離退休仍有一段時間，應該以「先增值，後現金流」作策略，以你的風險承受程度，可投資穩健、有基本增長力的股票，到退休前5-10年，就要開始慢慢轉為較保守的收息資產。

3）匯豐控股（0005）的賺錢能力與增長力比過往年代減弱，但並非完全無質素。銀行業的賺錢能力不及過往，但都有基本的利潤，可以視為收息股類別，增長力不強。

就你的年齡及上述的投資目標，你不應投資太多收息股，因為你的目標要求你以平穩增長股去配合，加上不應太集中在同一隻股票，因此你應該作出調整。

可能你認為這刻賣出會產生虧損，但在財富配置上，要求你作出理性、對長遠財富最有利的決定。建議你減持部分匯豐，餘下可長線收息。減持後的資金，則投資其他更優質，有平穩增長力的股票。

144 欠債月光族有得救！

你好，我是月光族，今年30歲，戶口還是沒有餘額，因為我之前欠下很多卡債。

我現時很努力還債，同時又嘗試儲錢，原本已儲到萬多元。但早前聽朋友說某隻股票會升，示意我買入。結果買入後跌了一半！最近我想博回升，為了令自己不會虧蝕得太嚴重，所以溝了貨，結果再蝕，損失了大部分之前儲下的錢。

我哭了很久，知道自己很沒用，我亦知道只可以從頭再來。

我每月收入$1.6萬，和家人同住，給$5,000家用，$3,000用作還卡債，餘下$8,000是我基本的生活費。我很想脫離現時月光族的生活，還有機會嗎？我每月勉強可儲$1,000。

個案重點：

- 30歲，月光族
- 月入$1.6萬
- 欠卡數，每月還$3,000
- 每月能儲到$1,000

重點目標：

- 想脫離月光族
- 如何重新分配收入

當然還有機會！因為你有一個很大的資產：「時間」！

你30歲，仍然很年輕，只要努力理財，往後一定能累積到財富，跳出月光族，完成財務目標！

你之前行錯方向，這刻你已學懂了理財，以及投資觀念，最重要是往後做得對就可以，過去的就不用計較。30歲仍是一個財富累積的黃金期，只要你努力學習，做好理財，將來一定會累積到更大財富！

記著，消費性負債要避免，最好剪去信用卡，要習慣儲蓄消費，別用信用卡消費。另外，投資並非炒賣，不是聽消息，不要溝貨，要經過仔細研究，及設定完善的投資策略，才可以進行投資。

第一，你要學會理財及投資的知識，如果你希望脫離月光族，希望日後能累積一定的財富，先從理財知識著手，從書本或課堂上認真學習。《80後百萬富翁》、《股票勝經》、《財務自由行》都是適合初學者的。

第二，你保持月供還錢，信用卡利息一般較高，你盡早還錢對你有利，每月保持還$3,000，清還今次欠款後，日後不要再有信用卡欠款。

第三，你要訂立儲蓄計劃，過往投資經歷（跟人買、無分析、溝貨想翻本等），都反映你知識不足，以及心急想累積財富，但投資不能心急，要以計劃進行。理財創富是一個長期的過程，你要訂立適合的計劃，努力執行。

設定好現時的計劃、目標，以及清還卡債後的新計劃。當你有了目標，就更有動力去追求，成功機會大增。

第四，減少支出，你現時每月的基本消費為$8,000，我希望你能進一步壓縮，令你每月起碼要儲到$2,000，當清還債務後，每月要儲到$5,000，如果你想追回過往失去的時間，這刻就要更加努力！

第五，開始投資。最初你要儲一些備用現金，最好有$1萬以上，之後就開始月供股票，可以投資一些指數基金，我相信以你的情況較為適合，港股可投資盈富（2800），如投資美股則考慮（VOO），如果能承受風險，以你的年齡，部分資金可投資安碩恒生科技ETF（3067），以長期月供的模式進行。

我假設你每月平均月供$4,000，每年複息回報率10%，20年後，你的財富將會滾存至$270萬，是一筆不錯的財富！

第六，長遠要提高收入。你30歲，是事業發展黃金期，要努力做好工作，思考長遠適合你發展事業的地方。若現時工作有發展，就要更落力做好，如果現時工作前景有限，就要思考轉工的可能，長遠不要停在這收入層次。試想想，每月儲$4,000都能滾存到$270萬，如果能儲到$8,000就是$540萬，我希望你能提高層次。年輕就是你最大的優勢。

今天的你會因為是月光族、輸$1萬、30歲無積蓄而不開心，但只要做好理財，日後能滾存到數百萬財富，希望你這刻開始。加油！

145 兩年後結婚的理財策略

老師你好，我和男朋友打算在2年後結婚。我聽朋友說，買賣股票幾次，從中賺錢不會很難，是否應把握機會？還是我應該月供股票，我們一個月可儲$2萬，買甚麼較好？還有我們想買樓，應該先買細價樓嗎？

個案重點：

- **2年後打算結婚**
- **每月能儲$2萬**
- **理財知識不足**

重點目標：

- **如何利用股市令財富增值**
- **有意置業，該買哪類物業**
- **2年後結婚的理財策略**

如果你們打算兩年後結婚，即是資金在中短期有實際用途，那投資就不能進取，不能以「博一博」的心態去量度。

投資股票的原理是買入企業，企業成長需時，就算優質企業都要長時間才有穩定的正回報，中短期只是市場情緒的反映。股價中短期存有不確定性，無人知你結婚買樓一刻的市況。因此，只能以「閒錢」才能投資，買入後要短期內都不動用，要有持貨3年的心理準備。

首先，要計算好結婚用的資金，這筆錢不能動用，要持有現金。另外，你們要計劃好買樓的具體情況，目標樓價、你們的收入、供款、現時財富、長遠計劃、風險承受能力等。

置業方面有兩點要注意：第一，如果心儀物業金額較高，要多年時間才能儲到首期的話，就別只把目光放在該物業之上，應該先以細價樓為目標，其後再按需要及情況，以換樓模式追求心儀物業。

第二，不要以自己結婚有自住樓需要，作為買樓與否的唯一時限。你在結婚前買樓，又或在結婚後租樓，過一段時間後才買樓都是可以的。

決定買樓的時間，最關鍵是「你的能力」，考慮你的首期是否足夠，每月供款是否無問題，要以「供得起」為最大原則，下一個考慮因素就是樓價的平貴度，只要處於合理價格水平，便已經可以考慮買入。

如果你們打算2年內置業，那麼現時的現金，以及每月儲到的$2萬資金，最好全部留現金，等完成整個結婚及買樓過程後，才開始累積財富計劃。

相反，如果打算在3、4年之後置業，你就可以利用現時每月$2萬儲蓄去投資，但都要視乎買樓的時間去決定投入多少資金。

假設4年後買樓，你可以將$1萬-$1.3萬，利用月供策略去進行財富增值，餘下就留現金，作備用及等待投資機會。由於年期不算很長，投資都不能太進取，應投資優質、平穩增長股為主。

146_長遠移居台灣的計劃

龔成老師您好！我是初階投資者，有以下問題，望老師解答：

1）家人覺得月供股票沒有用，每月只供$1,000-$2,000不會賺得多，要投資就應該一次投入大額資金去炒，如：$5萬-$10萬。其實哪些類型才適合月供呢？

2）本人26歲，有$50萬，沒有股票，平均月儲$1萬，預計4年能儲到$100萬。如果想加快至3年達到$100萬，有何方法？月供收息股＋本金短炒＋定期存款同時進行嗎？

3)本人打算50歲前，退休到台灣居住，我現時打算儲夠$100萬後，首先在台灣購買兩棟各$40萬套房收租，還是我應先買香港自住樓？

個案重點：

- 初階投資者
- 26歲
- 擁$50萬本金
- 每月儲$1萬

重點目標：

- 月供股票利弊
- 想3年有$100萬
- 50歲退休想移居台灣

1)月供股票是累積財富的方法，當中有利有弊。月供的好處是有效將風險分散，因為買入價得以平均化，但缺點是無法捕捉買賣時機，如果投資者有實力，能捕捉投資時機

及計算企業價值的平貴度，就不用月供。相反，投資者未有太高的投資技巧，月供是一個減少風險的好方法。

大部分散戶認為自己有投資實力，能掌握時機，可惜情況卻剛剛相反。你是初階投資者，月供股票比起自行投資，會有較好的效果，雖然預期回報可能減少了，但這是風險管理的行為。

另外，股票分很多類別，只有優質股才適合月供。月供股票的原理，就是持續投入資金買該企業的股票，因此該企業一定要有質素，長遠前景正面，才值得月供。如果企業質不佳、經常虧損、無太大優勢、生意持續向下、屬財技股類別、股價長期向下，都不宜月供。如果未能掌握選優質股技巧，最簡單就是月供指數基金。

2）你原本想「月供收息股＋本金短炒＋定期存款」，應該改成「月供股票＋本金長線投資＋小數定期存款」。短炒是不能賺錢的行為，我在銀行及證券行工作多年，絕大部分短炒客，長期計都虧損的。

你想在3年內完成$100萬目標是可以的。你現時每月能儲$1萬，因為你現金比例多，可以將全數$1萬都進行月供股票，投資優質、平穩增長型的股票就可以。

現時擁有的$50萬，其中$25萬可投資平穩增長股＋收息股（由於3年時間不是很長，以及你本身是初階者，因此部分投資收息股，可平衡風險），投資時最好以分注投入。部分現金則留作等待時機，待大跌市時入市，小部分現金可做定期。

3）就算你長遠的目標是移居台灣，也不用這刻就立刻買台灣樓，因為你距離移居台灣仍有多年時間，就算現在想買台灣樓收租，你在香港也有自住需要的。

你可以定長期的目標為移居台灣，財務上為此而準備，但不用太急買台灣樓。第一，始終在管理上有困難；第二，距離你正式移居仍有很長時間，因此你這刻買入的目的，並非自住，而是投資，這樣你就要從投資角度分析；第三，你在香港仍有很長時間，你要先處理好這邊的財務問題。

比較理想的做法是，你現時先在香港累積財富，同時慢慢制定計劃去台灣，台灣的物價指數較低，這有利退休生活，這個計劃是可以的，但這刻不需要定得太仔細，因為你要先處理香港的情況。此外，20年時間的變數也太多，你可先跟以下的計劃進行：

第一，你要以3年儲到$100萬為目標。

第二，你都要考慮在香港購買物業，如果日後在香港組織家庭，都有自住需要，到時的目標物業金額、按揭情況等都要考慮。建議你先分析置業的可能性及相關計劃。

第三，完成上述目標後，就開始為50歲移居台灣退休定計劃，你不用定得太仔細，只需要設定方向、當中的可能性、到時每月開支、需要多少財富去產生現金流、年期與金額等是否合理。

當你完成第一及第二目標後，就可以開始為第三目標準備，你先在香港累積財富，除了自住樓外，盡量投資一些流動性高的資產，如股票，當儲了一定的財富後，就可以以投資角度，考慮部分資金投資台灣資產，如台灣物業，這動作不用急，一步步進行就可以。

147 擁兩物業的換樓大計

龔Sir你好，本人育有兩子，與太太、母親、工人一家六口同住屯門三房單位，因為孩子漸漸長大，想兩年內換到四房單位（約$1,100萬）。

現時持有資產如下：
三房單位自用：估值$550 萬，按揭$300 萬（與太太聯名）
兩房單位收租：估值$470 萬，按揭$200 萬（與太太聯名）
股票：$40萬
現金：$310萬（在按揭儲蓄掛鈎戶口）
保險儲蓄計劃：$15萬
iBond：$7萬
港元定期：$20萬
人民幣定期：$68萬（以港元計算）

每月家庭收入$8萬，租金收入$1萬
支出$7萬，每月儲蓄約$2萬
下年小兒子也要入學，每月支出增加$7,000

有以下計劃：
將所有投資及兩房單位賣出套現，用母親名義買入四房單位自住，三房單位則放租。連收租、小兒子入學後支出、管理費、地租等，每月接近零儲蓄，計劃是否可行？風險會否太高？

老師認為哪個方案較好？
1）進行以上計劃　　2）按兵不動，待樓市下跌再實行
3）先放兩房，待樓市下跌再買四房　　4）其他建議

個案重點：

- 擁3房自住單位
- 擁2房收租單位
- 港幣及人民幣現金共$400萬
- 月入約$8萬

重點目標：

- 2年內買入4房物業
- 賣出2房物業，買入4房物業
- 又或賣2房物業後，等樓市下跌
- 如何配置最好

先講述方案一，賣出2房樓及賣出其他資產，買入4房樓自住，然後將3房樓放租，這會提升你面對的風險，因為負債會增加，以及持有物業比例佔總資產會增加，雖換樓令比例增加的幅度並非很大，但都要明白當風險，整體算是中度風險。

我先具體計算你的資產，現時你擁有股票加現金定期等流動產，合共約$450萬。2房單位現時估值$470萬按揭$200萬，賣出後套現約$250萬。即合共有$700萬流動資產。

若果目標4房物業為$1,100萬，首期$700萬，按揭至少預$400萬，以你們夫婦名義進行供樓，相信銀行按揭方面是可以的，但由於是第二層物業，按揭會收緊，你要預早問清楚銀行按揭的具體情況。

完成換樓後，相信你絕大部分流動資產都會用盡，你的財富會變成集中在兩個物業，以及餘下很少資產，甚至備用現金都不多。每月收支方面，就算你3房樓放租，你整體的支出都會增加，可能每月會無錢剩。

簡單來說，方案一未必是最好的方法，但要勉強進行也不是不能，但就是較進取的方法，主要有幾個風險：完成後財富全部集中在物業，買4房樓承造按揭時的風險，用盡你所有流動資產，備用現金所餘不多，往後每月無法儲蓄。當餘下現金不多，同時每月無法儲蓄時，家庭風險度就會較高。

至於方案二，這都是個方法，但以你現時的財富情況，你不可能再直接買第三層樓，你一定要以「換樓」的模式進行。如果整體樓市大跌，你持有物業無可避免都會價格下跌，最終可套出的現金也會減少。

加上香港土地長期處於供不應求的狀態，除非有大型土地政策，否則樓價較難出現明顯下跌。因此，方向上你可以一邊儲錢一邊觀察樓市。但策略上，較難以「等樓市大跌才入市」作必然目標。

方案三，先賣出物業再等樓市大跌，這個方案不建議。

因為你會面對不確定風險，如果賣出物業後樓價不跌甚至向上，會面對更兩難的局面，最終買不到4房物業，同時手上又減少了物業類資產，如果日後樓市大升就連想買回原物業都不易。

我們在配置上，不要著重預測往後價格走勢，應著重在財富配置。你現時目的是「購買4房物業」，就要分析怎樣在較低風險情況下完成目標，以換樓模式進行，一賣一買時間上要接近，你面對的風險才會較低。

綜合你現時的財富情況及上述各方案，調整方案一是較好的做法。

首先，建議你減少目標物業的金額，例如減至$1,000萬。你以換樓模式進行，一賣一買的成本其實不少，擔心$1,100萬物業會用盡你現金，同時在按揭方面較勉強，因此調整物業金額是其中一個做法。

另外，你可以在這段時間更努力儲錢，儲到更多備用現金，等3年後才進行這計劃，情況會較理想。這段時間，可以動用小部分資金，去投資收息股、債券，令財富有基本增長。如果在這段時間，樓市下跌，你可以考慮買入4 房物業，最重要是現金足夠及能應付供樓支出。

148 一人養三女一身卡數

你好，我人工$5萬，太太沒有工作，供樓$1.6萬，物業現值$600萬，按揭$300萬。

每月有$5,000供車，泊車費$2,500，每月要還私人貸款$6,000，仍有4年還款年期，家有老婆及兩個女，總共三位女性要養！

我已經有兩年沒有給父母家用了，開支很大，有時不夠用還要靠信用卡透支，每月都無法負擔。現時欠下十幾萬卡數，壓力很大，又不想讓家人擔心。

想賣樓租屋住，至少有現金慢慢用，我目前的困境可以指點一二嗎？

個案重點：

- **收入$5萬**
- **擁物業價值$600萬，按揭$300萬**
- **要養一家四口**
- **每月沒有餘額，甚至要靠信用卡**

重點目標：

- **賣出物業套現是否正確**
- **每月收支平衡**
- **較好的理財方法**

龔成老師分析

首先，你以借貸、信用卡、以債還債的模式去支付生活費，是很錯的方法！你的問題只會愈來愈大，不要只著眼於眼前問題，而是以「長期模式」去解決。

現時正處於一個死胡同，問題正不斷惡化，如果你再繼續這模式，將會面對無法補救的不利結果，你要盡快改變整個理財模式！

你要檢視現時每一種債項所支付的利息，較高息的負債，就要優先清還，利息較低的負債就不用太急還，說到底，消費性負債對整體財富無幫助，長遠不宜再有。一般來說，信用卡負債的利息十分高，以信用卡透支去支付生活費，是很錯的方法，要盡快停止，盡早清還。

至於你打算賣樓套現，以支持生活費，我並不建議，因為無人知將來樓市的升跌，如果賣出後，樓市一直升，你無法買回，加上到時租金不斷升，你每月又要持續支付租金，問題只會更大。

加上每個人都有自住需要，有自住樓是一個「平倉樓市」的狀態，如果你賣出自住樓，就是一個「沽空樓市」的狀態。

賣樓會減少你的資產，如果你的消費模式不變，你將會以很快的速度消耗所有現金，財富快速減少，日後問題更大。

建議你用以下的四步去處理現時困局：

第一，與家人傾談，你最好將現實情況同太太商量，不要因為怕家人擔心而獨自面對，要共同處理問題。有共識後，每月的收支情況就更易控制，這點十分重要。

第二，檢視整套消費模式，從「收入」和「支出」著手。如果有需要，太太可能要做一些兼職；支出方面，一些非必要的支出要減少，你要列出日常的家庭開支，無必要的開支就要減。

如果可以的話，我建議你賣車，可能你很不願意，但現時如果你不處理問題，日後問題只會更加嚴重，供車養車佔了你生活費不少，相信每月有$1萬。只要節省了相關開支，你就不會出現入不敷支，起碼能做到收支平衡，甚至有現金剩。

第三，當你做到收支平衡甚至有現金剩，就能更有效處理負債，較高息的債務，如果能提早清還就盡快處理。不要再增加負債，同時要面對負債，處理問題，如果每月有現金剩，就能加快處理問題。

第四，當每月有現金剩，以及處理好債務後（未必一定全部負債清還才算處理好，只要處理好較高息及急切的負債便可以），下一步就是儲現金，令你有基本的現金作家庭備用，應對突發性開支，到日後再有資金，就開始投資累積財富。

149 擁$2,000萬現金的配置

你好，以下是我的基本資料，想請教怎樣配置會較好？

1）我是公務員，年薪約$55萬
2）太太從事保險業，年薪約$65萬
3）有3個小朋友：2歲、8歲、10歲
4）有三層日本樓
5）夫婦現時共有$2,000萬現金

問題：
1）之後想太太放棄現時工作，帶小朋友到英國讀書，那時應如何分配？最好能維持現時年薪$65萬的收入，有可能嗎？
2）將資金在香港買2個物業？還是全數買債券基金？
3）具體分配方法怎樣做？

我過去有投資股票，不少都較進取，算是有理想回報，當中都有僥倖成份，現時想持盈保泰。

個案重點：
- 夫婦二人年薪約$120萬
- 有3個小朋友
- 有3層日本樓
- 擁$2,000萬現金

重點目標：
- 太太放棄工作，帶小朋友到英國讀書
- 增持物業還是債券基金
- 如何優化財富組合

1）由於沒有你太太過英國的具體時間，這刻只建議你投資一些流動性較高的資產，投資物業就要較小心，目前可投資一些穩健，風險不高，有基本增長類的類別就可以，以下會以你日後，當你太太要過英國時的資產配置著手。

要憑資產產生現金流，多過現時你太太的工作收入是可以的，你們現時擁有一定的資產，只要適當重組，更有效分配就可以。$2,000萬投資一些穩健工具，目標爭取平均5%的現金流，一年已經有$100萬現金流回報，平均每月有$8.3萬，相信合符你的投資目標。以你的情況，是應該追求保本、現金流，多過增值，因此整個投資風險度，宜偏向中低風險，同時要建立一個平衡的組合。

日本物業金額一般不大，如果你現時擁有的3個日本物業，市值總金額不算太大，3個都可以一直持有，作長期收租之用。

2）你提及想全數資金買債券基金。我有必要詳細一點解釋債券基金，因為不少投資者都低估債券基金的風險。

首先，你打算將大部分資金都集中在一類資產項，會產生集中風險。另外，債券基金並不是保本，風險度比不少債券高，但一般投資者只被這工具的高息回報吸引，卻忽視了風險，因此投資前要了解當中的性質。

第一，債券基金與債券並不相同，債券就是借錢給機構或企業，到期會收回本金，但債券基金並不是這樣，並沒有到期，更沒有保本這回事。

第二，債券基金會投資「高收益債券」，即是「垃圾債券」，這些債券有違約風險，如果基金大量持有這債券，好景時可以派高息，但不景時就會有本金損失，基金價格大跌。

第三，債券基金不是單純地持有債券，而是可作買賣，以及利用衍生工具作對沖等策略，有可能出現較大損失。

第四，銀行會提供借貸買債券基金，以槓桿放大回報，以平息借貸去賺取息差。低息環境問題不大，但當進入加息週期，未必是好策略，因此，如果利用槓桿投資，要明白其風險不小。

因此，債券基金不是不可投資，但你要明白當中的風險，最好找一些過往表現相對較穩定的，以及當中持有垃圾債券比例不太高的基金，不要融資進行，不要只貪圖高息。

至於投資香港物業，雖然都是創造現金流的方法，但對你來說未必最好。

第一，你的目的是投資，是創造現金流，香港物業現時的租金回報率並不高，投資價值未算很吸引。

第二，你太太與小朋友將過外國，雖然未知你們長遠會留在英國還是香港，但都不建議投資太多固定資產，財富的靈活度會減少，加上香港物業的金額較大，更加影響彈性。如果真的想投資物業收租，反而日後了解英國的情況，可考慮投資英國物業收租，租金回報率會較高。當然，你首先要了解當地的物業及租務市場。

3）現時擁有$2,000萬現金，可分配成幾部分，建立平衡組合：物業、股票、基金、高評級債券、銀行或保險公司的收息產品，餘下要持有一定的現金。建立一個平衡的財富組合是重要的。

如果無法找到租金回報率較高而又穩陣的物業，可考慮投資房託，只要同時分配在多隻房託，已是一個平衡的組合，股息率一般都有5%，可考

慮：置富（0778）、陽光（0435）、泓富（0808）、越秀房託（0405）、三星高息房託（3187）等，三星高息房託目標是追蹤標普亞太地區房託指數，投資這房託有如間接投資亞太區房地產。

股票方面，可以考慮穩健高息股，業務穩健，5%以上股息率等都是選股指標，可參考《50穩健收息股》。債券方面，要考慮A評級以上的債券類，雖然利息回報不算多，但都是財富配置中，可行的選擇。

高息基金、債券基金，不是不可考慮，但一定要了解風險度，以及控制注碼。至於銀行或保險公司的收息產品，都是可考慮的類別，但投資前要仔細了解，產品是否適合自己。

最後，一定要留足夠的現金，特別是當你太太辭去工作，以及太太與小朋友到了英國這新地方，預留現金是十分重要的。

150 買樓綑綁30年的迷思

龔成老師你好，我今年19歲，是一名大學生。閱讀你的文章及書籍已有2年，令我明白資產的重要，以你教的「先增值，後現金流」為方向，在此非常感謝你的教導！

我一邊讀書，一邊做兼職，儲了一些錢，現時持有1手比亞迪(1211)、2手中生製藥(1177)。

現時仍有$5萬現金，早幾個月開始月供煤氣(0003)$1,000、比亞迪$1,000。每月也可儲蓄$1,000-2,000。這學期結束後，我會花更多時間於投資理財上，閱讀更多書籍，目標是於25歲有100萬！儲下首期，以小資產追大資產。

1)請問現時的組合可以嗎？

2)我想自修商科，但不知從「經濟」還是「會計」開始，麻煩老師給予一點意見(我中學完全沒有讀商科)。

3)第三條問題比較重要，我因這問題影響了我的信心，內容如下：

你的《大富翁致富藍圖》提到，我們要「盡快將現金轉為資產」，現金作用只有「日常使用、備用應急、準備投資」，因此我希望盡快儲到首期上樓，以小資產追大資產。

可是，最近有長輩跟我說：「一層樓是你的負債，將你綑綁30年，當你沒有能力再供時，影響你的信貸評級，將來難以翻身。你沒有充足

金錢，怎能轉為資產，有錢也應該想想做生意，若你背負供樓壓力，你可以輕鬆做生意嗎？你應該待銀行有$300萬才想買樓，即使無樓也不是甚麼一回事。」

我當時不敢回應他，但我回想，自己也不懂回應。他強調「負債」並不是你的資產。

老師，我並沒有因為他而影響了我的儲錢計劃，也沒有影響我繼續從你身上學習，目標仍是25歲有$100萬，但我很迷惘，不知上樓是好事還是壞事，求老師指教。

個案重點：

- 19歲大學生
- 有兼職收入
- 有月供股票
- 持有股票以及$5萬現金

重點目標：

- 25歲有100萬
- 買樓還是不買樓？
- 優化現有組合
- 如何以小資產追大資產

1）可以，你已經掌握了投資基本功，現時你持有比亞迪（1211）及中生製藥（1177）都是有質素、有潛力的股票，同時適合你的年齡，你可以長線持有。

現時的$5萬現金，由於數目不算很多，建議你暫時持有現金，等大跌市才動用，能有效增加你財富的回報率。

至於現時月供的股票，雖然都是優質股，可以長期月供，但你會較集中在比亞迪，以平衡組合的角度，未必是最好的策略，如果你想投資潛力股，可考慮月供潛力股的指數基金，例如安碩恒生科技ETF（3067），有長線投資價值。這基金追蹤恒生科技指數的表現，而恒生科技指數，都是持有一些有質素的潛力股，例如：阿里（9988）、騰訊（0700）、小米（1810）、美團（3690）等新經濟類公司，長遠有潛力，所以有長線持有價值。由於基金有數十隻股票，比起單一股票，風險也較低。

你可以月供，或自行分注小注慢慢收貨（例如每月買一手、或兩個月買一手），原理如同不斷儲貨，這樣就能平均買入價，減少風險。

以你的情況，要25歲擁有$100萬，不是問題，最重要是你在這段時間，保持知識的增長，以及保持儲蓄、投資。

2）在應用層面上，經濟會較會計有用，因為應用面較為廣泛，無論生活上、做生意上、投資分析上，當中都有應用得到的知識。

至於會計相對較為學術性質，以及日後專門做會計就較有用。不過，當投資者研究一間企業的情況，分析財務報表時，總要有一些會計知識，因此，你都可以學基本的會計知識，但不用太深入學習。

我建議你先學習「經濟」，之後再學習「會計」。

3）《大富翁致富藍圖》提到，要「盡快將現金轉為資產」，現金作用只有「日常使用、備用應急、準備投資」。這是不能改變的事實，因為現金長期貶值，但我們不會盲目投資，會在適當時候留現金（這些現金是等投資之用）。

同時，以資產追資產的模式，沒有改變過。

無論是優質股、物業、又或是一盤理想的生意，都可以是資產，因此，你投資哪個項目，其實沒有衝突，只是配置問題。

簡單來說，這條公式不變：「將現金變資產，資產滾出更大資產」。與你長輩所講的無衝突。

你現時的目標是25歲有$100萬，這個方向不變。

你定這個目標，其中一個原因是你想有足夠首期後盡快買樓，以物業作為財富增長的核心，但你這刻又同時很擔心，買樓後反而被物業受限，無法令你財富增值。

先要清楚物業的性質，物業本身是真財富，因為土地是有限的資源，而土地能產生某些經濟價值，因此長遠能升值及產生持續的現金流，但要留意，物業並不是任何時間都能產生現金流，只有當你將物業放租時，才有正現金流。利用負債去買物業，不一定是壞事，因此不用一開始就怕負債，只要利用負債投資創造更大回報，這負債就是好的負債。

相反，當購買了自住樓，每月要供樓支出，會消耗每月的現金流。除非樓價大升，否則在財富增長上的幫助未必太高，但由於每個人都要有自住的需要，因此是無可避免的支出，只能說，自住樓其實不用太大間，應該先將資金投資其他工具。

香港樓最高速增長的年代已過，無論是樓價上升、租金上升的程度，往後都難以倍升，最多只能平穩向上。

其實，長輩所講的概念部分正確，但就不用去到$300萬才買樓。這是一個資金考慮的問題，如果有一筆資金，應該投資物業，還是建立一盤生意？哪個在長遠的財富增長力較強？

如果你有較強的生意技巧，建立生意是較好的選擇，因為先將財富以生意增值，其後才將增值後的資金買物業，財富運用上的確較理想。

但如果無做生意的經驗，投資其他工具會較好，而物業始終是一個穩健的工具，對有自住需要及未能掌握生意或其他工具的人來說，仍是可以投資物業的。

簡單來說，如果你有自住需要，仍是可購買物業，但不用一開始買金額太大的，因為每月會消耗現金流，影響你其他財富方面的累積，但不用等$300萬才買樓。因為物業買入後並不是不能賣出，不一定綑綁你30年，有需要可以賣出，升值後可加按套現，同樣可以把握到其他創富機遇。

因此，你可以彈性處理買樓的策略，按自己的需要，自己的財富情況，樓市的平貴度與回報率去決定。關鍵位是財富的長遠增長情況，各資產的回報率，那類別較強項，怎樣配置對你最有利。

151 加按物業投資外國樓的風險

龔Sir你好，本人在書展中買了你的《大富翁致富藍圖》獲益良多，想請教關於投資海外物業的意見，希望指點。

本人看中的是杜拜二手住宅物業市場，之前由於工作關係在杜拜住了半年，對當地的環境有點認識。發現當地物業回報率不差，再找管理公司幫忙管理，扣除相關費用及雜費，應該有5%淨回報。

由於當地的按揭利率頗高，所以打算遊說一個香港有物業的親戚，按了他的物業借錢，利率就會比杜拜利率低。

我打算購入港幣$250萬的杜拜物業（於市中心的公寓），靠親戚物業加按的錢一次過用現金買，在香港還貸款，應該可以負擔到每月的還款。

小弟做了個關於當地的市場的研究，房地產發展不算差，但也有些負面因素，例如未來仍有一定的供應，油價波動也會影響當地經濟。

原先小弟想在港置業，先放租3年再收回自住，不過看到香港的物業價格很高，租金回報率低，相比之下，杜拜樓較吸引。

目前計劃是現在去杜拜買樓放租，同時，我大概3年後需要搬出來自住的時候（現在跟父母住），如果香港樓市還是在高位的話，就先在香港租樓住，用杜拜樓收的租金補貼香港的租金。但如果3年後香港樓市回落，而小弟又能負擔，就打算在香港買細價樓，繼續持有杜拜樓收租。

這個杜拜樓投資計劃是否可行呢？懇請龔Sir指點！

個案重點：

- **曾在杜拜生活半年**
- **原本打算香港置業**
- **想買杜拜物業，但當地按揭利率高**

重點目標：

- **加按親戚物業套現，將資金投資杜拜物業**
- **打算投資杜拜物業長期收租**
- **3年後可能在香港置業**

你的計劃，我分兩部分解釋，第一部分是杜拜物業的投資價值。

投資海外物業有數個關鍵位，第一，當地物業的長遠質素，例如：城市發展、租金回報率、租務市場情況、物業供應情況、置業及租樓的需求、交通基建及相關配套等。不要著重短期情況，要以長遠情況分析。

第二，當地的法規、買樓物業的限制、租務上的各種條款都要了解，非當地人置業有否限制，你投資前一定要了解清楚，同時要找信譽良好的代理、物業發展商、租務管理公司。

第三，你自己要認識這地方、任何項目都是「不認識就不投資」，了解杜拜的長遠發展，當區物業的情況，真正掌握好才投資，不能以表面利好因素決定，表面租金回報率高就投資。

石油對杜拜經濟有一定影響，要注意國際油價有時會較為波動，有可能對當地經濟及樓市有影響。另外，全球不少國家開始定立時間表，要達至碳中和的狀態，不少都以2050年至2060年為目標，其中一個方法就是減少使用石油，使用更多清潔能源。

因此，全球石油的需求有可能不及過往年代，而當地現時除石油產業外，近年不斷發展旅遊、貿易、金融服務業等，石油因素對杜拜經濟影響可能會減少，但都要仔細分析。

綜合來說，當地租金回報率高是其中一個吸引之處，但你最好再深入分析杜拜長遠的經濟情況，物業市場的長遠發展、法規等，才決定是否投資。

至於第二部分，就是你的投資模式。

你打算加按親戚物業套現，將資金投資杜拜物業收租，這模式建基於你與別人的信任上，難免有潛在風險，以及有可能出現麻煩事。

你要小心思考各種風險，一旦面對不景氣的情況，到時怎樣處理？

第一，如果按息大幅增加，親戚物業每月的按揭供款就會增加，你是否能如期每月供款？第二，如果杜拜物業租金減少，甚至有一段時間無法收租，你怎樣處理每月供款？第三，如果你親戚要賣樓，情況怎處理？第四，如果親戚需要資金想加按物業，但因為你買樓已加按，到時怎樣處理？你要多做一些假設，去分析風險，預先準備，這一點絕對不能忽視！

利用較平息去投資，是創富的策略，因此，利用香港較平按揭資金，去投資其他地區較高回報的資產，方向不是不可，但要小心思考潛在風險，以及嚴守「供得起」原則。

坦白說，利用加按親戚物業去進行投資，我不太贊成，始終當面對問題時，情況會變得較複雜。

另外，你的策略是創造更多資產，原則上可行，但負債比率會較高，如果你仍年輕，仍是可以承受當中風險才可考慮，但你要清楚了解風險所在。

至於3年後是否再在香港置業，真的要視乎到時的情況，若樓市回落，而你又有一定資金的話都可以考慮。但你最好在這段時間加強儲蓄及增加其他資產，否則你到時的負債比率過高，同時資產項目會過度集中在物業類，便要注意風險。如果到時杜拜物業升，將物業賣出還錢給親戚後，資金作為香港物業首期一部分，都是一個方法。

反而我想你自己思考一些核心問題，因為你的大方向，其實是想買香港樓，但由於香港樓貴，因此想買杜拜樓，但香港樓你是自住，杜拜樓是投資。即是在你眼中，投資杜拜樓的目的，某程度是香港樓的替代品，又或是日後買香港樓的輔助，你要仔細想清楚，目的是甚麼？

如果只是投資，你要思考外國樓是否好工具？是否值得加按親戚物業去進行這投資？又或者，你投資的目的只是輔助日後香港買樓，是否有其他替代品？是否有其他更好的方法？我想你必須要思考一下，了解自己的真正目的，及有無替代的方法。

152 欠債$1,300萬好擔心？

龔老師你好！正閱讀《財務自由行》，想就個人情況詢問意見。本人持有3個住宅物業，2個車位，另有股票及現金如下：

物業1(自住，市值$1,100萬，按揭$610萬)
物業2(出租，市值$580萬，按揭$349萬，收租$1.5萬)
物業3(出租，市值$464萬，按揭$328萬，收租$1.4萬)

車位1(自用，市值$70萬，無按揭)
車位2(出租，市值$60萬，無按揭，收租$1,700)

股票：市值$80萬

現金：$180萬

本人及太太均42 歲，家庭月入$12 萬，每月可儲$4 萬。

問題一：現時我欠下銀行近$1,300萬，3個物業的按揭年期仍有25-30年要供，都會有些擔心，有何方法可盡快減債，或縮短供款年期？

問題二：按我情況，怎樣再增加現金流及被動收入，以盡早實現財務自由？

個案重點：

- 夫婦42歲
- 持有3個物業，2個車位
- 按揭欠款近$1,300萬
- 家庭月入$12萬，每月可儲$4萬
- 股票$80萬，現金$180萬

重點目標：

- 如何縮短供款年期或減債
- 財務自由
- 增加現金流

1）我是因應你的年齡、負擔、收入、支出、現金流、每月供款、財富結構、資產質素、風險等情況，去分析現時你的負債比率是否高，所以不用一見到「欠銀行$1,300萬，要還30年債」就擔心。因為就算有負債，只要有足夠資產，以及每月還款無問題，就不用擔心，簡單來說，就是分析以下的三點：

第一，負債與資產的比例，以及資產的質素。

現時你擁有的物業資產：共$2,144萬，車位共值$130萬，股票值$80萬，現金$180萬，總資產市值為$2,534萬。

負債總數為$1,287萬。以資產計的負債比率為：「總負債÷總資產」=「$1,287萬÷$2,534萬」= 51%。

你可以在《財務自由行》第二章，找到一個負債比率的年齡列表，你現時42歲，負債對資產比率的上限為60%，你的比率為51%，仍是一個可接

受的水平，不過，不建議你再增負債，因為隨著年齡漸大，可承受風險會進一步減少，因此可接受比率會再減。

另外，要分析擁有資產的質素，你持有物業、車位、股票、現金，上述持股都是有基本質素的股票，因此整個財富組合，所持有的都是有質素的資產項目，因此不用擔心。

簡單來說，雖然你的負債接近$1,300萬，金額看似很大，但由於你有足夠資產支持，因此不用擔心，看見「金額很大而擔心」只是一般人的思維，有錢人的思維並不是單看金額，而是有否足夠的資產去支持。

第二，你每月能否還款，是否做到「供得起」原則。

現時你的負債全是物業按揭，每月要供款，你現時合共按揭近$1,300萬，假設全部為30年，3%按息，每月還款金額約$5.5萬。

物業車位共收租$3.07萬，每月你額外要有$2.43萬去供款，以你現時收入$12萬計，基本上是無問題的，就算出現減租，或短期無租金收入，甚至你在工作上的收入有變動，由於你本身有$180萬現金，足以支持多個月的供款，因此不用擔心。

第三，負債能否創富。

不少人一見到負債就會害怕，認為負債愈少愈好，希望盡快將負債清零，這是錯誤的想法。最重要是風險管理，負債可以有，但不能過多，同時，要分析該負債能否創富，如果是消費性負債當然不要有，但如果該筆負債能產生創富效果，就有當中的價值。

現時你的負債，都是物業按揭，其中有兩個是收租物業，由於有租金回報，以及物業本質長期價值向上，因此是資產項目，這筆負債有存在的價值。

綜合來說，雖然負債金額看似較大，但你不用擔心，不用減少還款年期或提早還錢，因為在低息環境，資金成本不高，與其還錢，不如將資金用作投資更好。

2）你現時的年齡42歲，財富仍有增長的能力，你可投資平穩增長股，運用「先增值，後現金流」作方法，這刻首先集中在財富的基本增值。不用心急增加這刻的現金流，建議你利用10年去增值財富，10年後才開始，慢慢將資產轉為現金流類別。

由於你現時較集中在物業類別，會出現集中風險，雖然不用減持，但日後要增加其他類別的資產項目，最好是「股樓平衡」作為策略（因為物業、優質股都是最基本的資產項目）。因此，你之後可以增加股票的比例，以建立一個平衡、有增長力的財富組合。

現時的現金$180萬，如果你真的擔心按揭方面的風險，又或擔心現時工作情況，就不要動用，全數留現金。但以正常的角度分析，你留$80萬現金已足夠，餘下的可以用作投資股票，部分現金可分注投資，部分則等待機會投資。投資在有質素、有平穩增長力的股票。

至於每月儲到的$4萬，可以分注投資股票或月供股票，大部分平穩增長股，小部分潛力股，假設取得10%的複息回報，10年後就能滾存到$770萬，再因應到時按息高低，決定部分作還款，還是全數投資收息類的工具，達至最有效提高每月現金流的效果。

結語

「學問」就是學習怎樣去發問。

香港學校與外國學校有一項明顯分別，就是學生們發問的情況。

在香港　不懂才「發問」

香港學校一般的教學方法，都是單向式吸收，老師講述課堂內容，學生不斷接受資訊。很少學生會主動發問，每當老師問大家有無問題時，都無人出聲。

這是由於香港的教育制度多年來都是機械式訓練，不鼓勵發問，不鼓勵犯錯，不鼓勵創新。學生發問時，會被認定為不懂得該事情，上堂又不專心，又或者學習能力不足，才需要發問。這就是多年來，香港學校對於「發問」的定義。

發問被認為是壞事，發問者被人覺得自己的知識不足。基於這個觀念，學校不鼓勵發問，課堂變得單一，學生們不明白都不敢提出問題，又缺乏創意，只懂得盲目地吸收。

在外國 「發問」能互相啟發

外國學校則是一個互動的環境，老師鼓勵同學們發問，不單可以了解學生的吸收進度，更可以產生啟發。

在學習過程有疑問是正常的，外國學校鼓勵學生不要將問題收起，要主動解決，同時，不同學生有不同的問題，發問者的問題，可以對其他同學有所啟發，老師亦可以透過問題，帶出更多不同角度的知識。

不敢犯錯

香港學生不敢發問，不敢講標準答案以外的答案，令他們不敢犯錯。

但大家要明白，犯錯是學習過程的重要一步，從不犯錯的人成長有限，勇敢問不同的問題，大膽去犯錯，才能令我們有更大的進步。

在我的課堂中，我都鼓勵學員發問，絕對不會因為怕問題「低級」就不要問，不明白就是不明白，主動問才能解決，就算學員問一些低級問題，為了令他不會被其他學員認為問題太低級，我除了會解答該問題之外，也會延伸帶出一些啟發概念，目的就是給學員知道：「我鼓勵你們問任何類別的問題，不要怕被他人認為問題低級，任何問題都有啟發作用」。

我記得有次上堂時，一位學員問了一條看似很簡單的問題：「為甚麼一隻股票的股價數字，會在股票報價機出現股價向上的情況？令股價上升？」

我見其他同學感到這問題很低級，於是我問其他學員，你們知道答案嗎？

同學們答了以下答案：「有利好消息」、「有資金流入」、「買賣供求問題」、「有大戶入市」等等。

我解釋：「你們的答案是股價上升的原因，並無解釋到股價數字上升背後的運作。

股票交易所的運作，以排隊模式進行，投資者掛牌排隊買入，同時在另一邊，有投資者掛牌排隊賣出，例如$100/$101，分別就是排隊等買入及賣出的價位，這時，如果市場有其他投資者，主動以$101買入，$101就是成交價。

如果排隊賣出$101的貨全部都被買入，假設有投資者仍想立刻入貨，就要以$101以上的價位買入，例如$102，就會產生最新的成交價$102。」

這時，同學們明白，簡單問題背後並不簡單。

我再補充：「當掌握上述股票報價機的運作後，大家就會明白，短期的股價，只會建基於買賣供求，當有資金流入，有基金入市，市場的買入力量大過賣出力量，就會令正在排隊的賣出盤，不斷被主動買入盤買入，從而令價位不斷推升。

買賣供求令股價出現上升或下跌的情況，最直接的原因，就是有資金流向、基金、大戶買入或賣出，但為何會有資金流入流出，為何基金會買入或賣出？

短期而言，建基於短期的消息或市場炒作，例如全球現時都看好某一行業，部分基金為避免落後同業，都會投入一定資金入市，令買入的力量較大，推升股價。

長遠而言，市場會慢慢修正，觀察該行業的企業，財務數據、產品、市場發展，是否符合預期，如果企業表現與價值根本不值現時的股價，就會有較多人賣出，股價就會回落。

這就能解釋到，短期股價只基於買賣供求，資金流向，部分因素會考慮企業價值，加上對將來的幻想。但長遠股價，就會修正至企業價值面，較多因素著重企業最基本的業務層面。」

由此可見，所有問題都有當中的價值，發問是我們學習過程的一部分，那是啟發、延伸思考的一部分。絕不要因為怕錯，怕被別人知道自己不懂，而不去發問，停止了進步。

求知若飢　虛心若愚

「Stay hungry, stay foolish」——蘋果公司創辦人喬布斯

這是喬布斯在一場畢業禮演講，引用了前人的一句話，作為給在場年輕人的總結，翻譯為「求知若飢，虛心若愚」。

喬布斯想勉勵大家，對知識要保持追求，保持一個虛心學習的狀態，對知識、對進步、對成功的追求，要到達一個「渴求」的狀態。

《80後2百萬富翁》是我多年前的著作，講述我自己的小故事，其中講述了我由零知識開始，利用閱讀、上課、實戰、工作、請教專家去獲得知識，書中我用的字眼是「搶知識」、「瘋狂閱讀」。

這些字眼並不誇張，當時我對知識的追求，到達一個飢渴的程度，大量閱讀及上課，如同想將對方的知識盡快搶到手，每天閱讀，為得到知識幾乎不想停下來，瘋狂狀態源於飢渴的心。

「我們要經常保持這種心態，保持謙虛，明白世界很大，絕對不要認為自己甚麼都懂，要學的事情還有很多，時刻要自己保持進步」。這是我經常會對自己，也對大家說的肺腑之言。